TIAGO JOSÉ BERG

BANDEIRAS DE TODOS OS PAÍSES DO MUNDO

5ª impressão

© Tiago José Berg

Direção editorial
Marcelo Duarte
Patth Pachas
Tatiana Fulas

Gerente editorial
Vanessa Sayuri Sawada

Assistentes editoriais
Henrique Torres
Laís Cerullo

Assistente de arte
Samantha Culceag

Diagramação
Flávio Peralta – Estúdio O.L.M.

Mapas
Paulo Nilson

Pesquisa iconográfica
Angelita Cardoso

Preparação
Beatriz de Freitas Moreira

Revisão
Juliana de Araujo Rodrigues
Telma Baeza Gonçalves Dias
Márcio Souza

Impressão
Coan

CIP – BRASIL. CATALOGAÇÃO NA FONTE
SINDICATO NACIONAL DOS EDITORES DE LIVROS, RJ

Berg, Tiago José, 1983-
Bandeiras de todos os países do mundo/ Tiago José Berg. – São Paulo: Panda Books, 2013. 176 pp.

Inclui bibliografia

ISBN: 978-85-7888-212-9

1. Bandeiras – História. 2. Sinais e símbolos. I. Título.

13-0518
CDD: 929.92
CDU: 929.9

2025
Todos os direitos reservados à Panda Books.
Um selo da Editora Original Ltda.
Rua Henrique Schaumann, 286, cj. 41
05413-010 – São Paulo – SP
Tel./Fax: (11) 3088-8444
edoriginal@pandabooks.com.br
www.pandabooks.com.br
Visite nosso Facebook, Instagram e Twitter.

Nenhuma parte desta publicação poderá ser reproduzida por qualquer meio ou forma sem a prévia autorização da Editora Original Ltda. A violação dos direitos autorais é crime estabelecido na Lei nº 9.610/98 e punido pelo artigo 184 do Código Penal.

SUMÁRIO

Introdução 5
Tipos de bandeiras 7
Pequeno dicionário de vexilologia 13
História das bandeiras 17
Mapas 28
Europa 43
Ásia 77
América do Norte 101
América Central e Caribe 109
América do Sul 121
África 131
Oceania 153
Internacionais 163
Referências bibliográficas 169
Índice 171
O autor 175

INTRODUÇÃO

Bandeiras fazem parte de nosso cotidiano. Elas são usadas por países, regiões, municípios, organizações, empresas, entidades esportivas, movimentos religiosos, entre outros. Além de seu uso prático, elas sempre tiveram a função de comunicar, constituindo-se um dos emblemas mais significativos da história da humanidade. Representam ou identificam a existência, a presença, a origem, a autoridade, a possessão, a lealdade, a glória, a opinião, os objetivos e o status de uma nação. Mais que isso, são símbolos em constante evolução, capazes de traduzir o sentimento coletivo e de expressar a emoção cívica dos membros de uma comunidade nacional – uma verdadeira síntese das conquistas e das raízes de um povo, sua história e suas tradições.

Quando conhecemos uma pessoa adulta, não fazemos ideia de como ela era quando pequena. Para isso, uma fotografia antiga ou a consulta a um álbum de família logo mostrará os momentos da infância dela, para que possamos reconstruir uma imagem aproximada de seu passado. O livro *Bandeiras de todos os países do mundo* procura recompor esse mesmo imaginário com relação às bandeiras. Qual era a bandeira da China no século XIX? A bandeira usada pelos Estados Unidos continha quantas estrelas em 1846? Quantas bandeiras tiveram o Egito ou o Afeganistão? Qual o pavilhão usado pela Guiana na época da colonização britânica? As respostas para essas perguntas aparecem nas próximas páginas em uma fascinante coleção de bandeiras históricas de diversos países e regiões do mundo.

Com o crescimento dos países independentes, as bandeiras cívicas tornaram-se cada vez mais importantes. Se o mundo abrigava, em média, cinquenta nações em 1900, hoje elas chegam a quase duzentas. Guerras, revoluções, separações e fusões comandam a história dos símbolos nacionais. Muitas bandeiras têm uma longa tradição que vem desde a época das Cruzadas, ou mesmo da expansão marítima, permanecendo como emblemas pré-modernos de muitas nações. Outras tiveram vida curta, muitas vezes ligada à figura de um governante ou a um curto período de independência. No entanto, a maioria delas surgiu justamente no final do século XVIII, quando o conceito de bandeira nacional enquanto símbolo cívico nasceu junto com a noção de que um território separado dos outros podia se converter em um estado nacional independente e soberano. É a partir daí que cada canto do mundo, de uma forma ou de outra, começa a criar ou receber por meio de um legado ou difusão sua "bandeira própria".

Este livro está organizado por continente, ilustrados com uma cartografia detalhada. Esperando que o leitor aceite a divisão proposta para cada conjunto de nações, os países e territórios foram agrupados em ordem alfabética para facilitar a pesquisa. Na abertura de cada capítulo há um texto sucinto do que será encontrado, além de mais detalhes sobre sua organização e disposição. As bandeiras nacionais receberam atenção especial com relação à proporção e à data oficial de adoção, e suas versões históricas estão dispostas em sequência, da mais antiga a mais recente. Por sua importância-chave ou por peculiaridades históricas, alguns pavilhões estão acompanhados de uma breve nota explicativa. As entidades subnacionais (províncias, estados, departamentos) de alguns países também tiveram suas bandeiras retratadas devido ao grau de autonomia e representatividade que essas regiões possuem. Com o objetivo de enriquecer as informações sobre o assunto, o livro também traz um pequeno glossário com os principais termos usados na vexilologia (estudo das bandeiras), além de um capítulo especial sobre a história das bandeiras.

Assim, esperamos que esta obra, em sua singela contribuição e ousadia, traga uma colaboração inovadora e diferenciada para a vexilologia, que se torne uma referência segura e atualizada para pesquisadores, professores e estudantes, e que possa se converter em um guia visual agradável e curioso para todas as idades e para todos os amantes das bandeiras.

Tiago José Berg

TIPOS DE BANDEIRAS

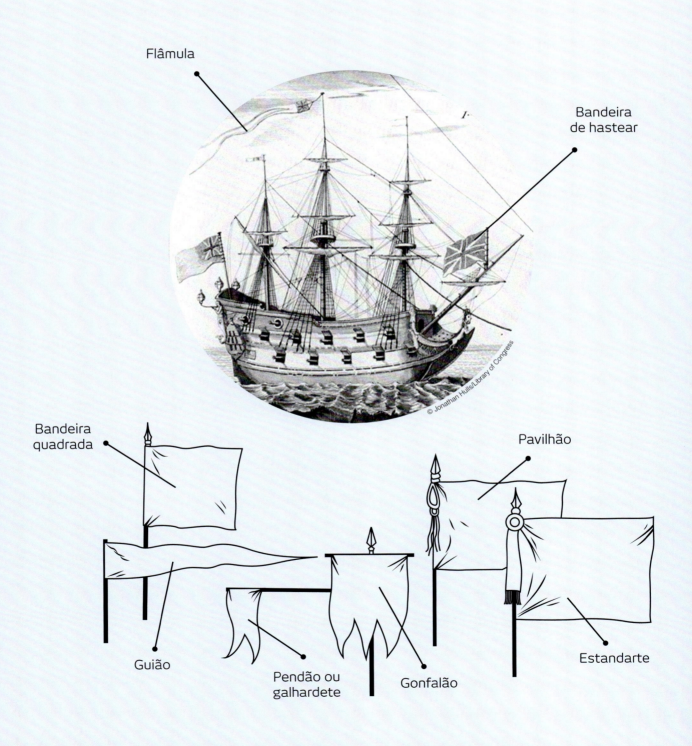

FORMAS HISTÓRICAS

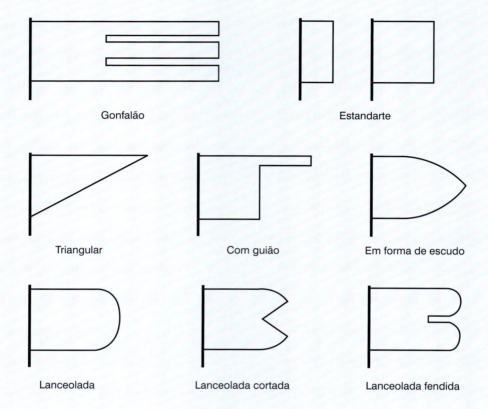

FORMAS MODERNAS

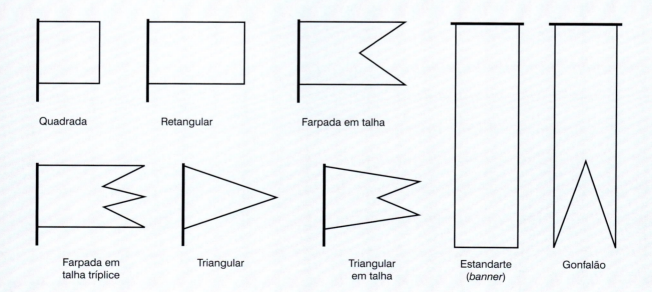

PRINCIPAIS DIVISÕES

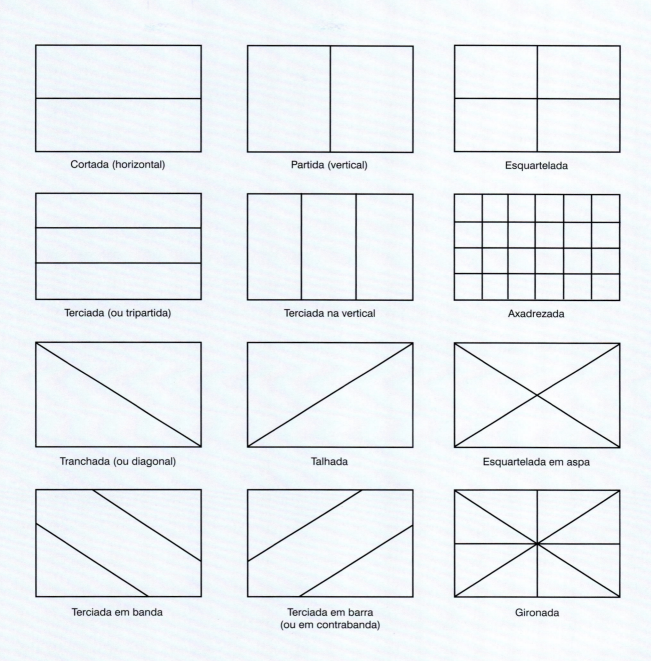

Cortada (horizontal) — Partida (vertical) — Esquartelada

Terciada (ou tripartida) — Terciada na vertical — Axadrezada

Tranchada (ou diagonal) — Talhada — Esquartelada em aspa

Terciada em banda — Terciada em barra (ou em contrabanda) — Gironada

Linhas

Onduladas — Serrilhadas

PRINCIPAIS MODELOS E ESTILOS

AS PARTES DE UMA BANDEIRA

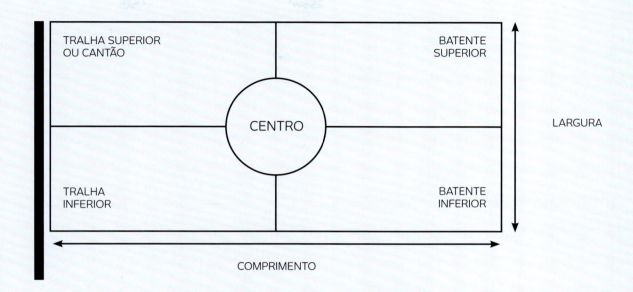

O formato das bandeiras

• Atualmente, a única bandeira nacional que não é quadrada ou retangular é a do Nepal, na Ásia. Adotada em 1962, essa bandeira é composta de dois triângulos que representam as montanhas do Himalaia. Antigamente, o sol e a lua eram desenhados com rostos, representando o rei e o primeiro-ministro.

• A Suíça e o Vaticano são os dois únicos países que possuem bandeiras quadradas, ou seja, na proporção de 1:1. As bandeiras dos cantões da Suíça também seguem as medidas da bandeira nacional.

• A bandeira do Catar é atualmente a mais comprida, com a proporção oficial de 11:28. Quando Montenegro pertencia à ex-Iugoslávia, depois rebatizada de Sérvia e Montenegro, usava como bandeira um largo pavilhão com medidas de 1:3. As bandeiras do Irã (1907-1964) mantinham essa proporção.

• Cientistas da Universidade de Bilkent, na Turquia, produziram a menor bandeira já conhecida. Um exemplar da bandeira turca feito em uma placa de silício foi apresentado pelo Departamento de Nanofísica, em 26 de abril de 2006, medindo setecentos nanômetros de largura (0,00007 milímetros). Em comparação, a espessura de um fio de cabelo humano corresponde a 50 mil nanômetros (0,05 milímetros).

• A maior bandeira já produzida está na Praça dos Três Poderes, em Brasília, onde tremula um exemplar da bandeira brasileira que mede vinte metros de comprimento por 14 metros de largura. É a maior bandeira hasteada do mundo e é trocada mensalmente no primeiro domingo de cada mês.

A bandeira nacional mais antiga

• A Dannebrog, como é chamada a bandeira da Dinamarca, é usada desde o século XIII sem grandes alterações. Uma lenda relacionada com essa bandeira diz que em 15 de junho de 1219, durante a batalha de Lyndanisse contra os estonianos, quando os dinamarqueses estavam em grande dificuldade, a Dannebrog caiu do céu e levou-os à vitória.

• Já a mais nova é a bandeira do Sudão do Sul, adotada em 9 de julho de 2011.

Qual o país que mais vezes fez mudanças em sua bandeira?

• Desde 1775, os Estados Unidos já alteraram a sua bandeira 28 vezes. Cada vez que um novo Estado aderia à União, uma nova estrela era colocada na bandeira norte-americana. A última grande mudança ocorreu em 1960, com a adesão do Havaí, compondo os atuais cinquenta Estados desse país.

• Já o país que mais vezes mudou de bandeira foi o Afeganistão, que, em pouco mais de cem anos de história, teve 17 bandeiras diferentes.

Quais países têm um mapa representado em sua bandeira?

Atualmente, apenas Chipre usa um mapa em sua bandeira. Entretanto, Kosovo, que ainda não é reconhecido como um país independente, também possui uma bandeira com mapa. Entre 1992 e 1993, o Reino do Camboja, então sob administração das Nações Unidas, usou em sua bandeira o mapa do país. O mesmo aconteceu com a primeira bandeira de Bangladesh (1971-1972), projetada por estudantes universitários da capital Daca.

Bandeira comunitária

Chade, na África, e a Romênia, na Europa, usam a bandeira com as mesmas cores dispostas na vertical (azul, amarelo e vermelho), com uma leve variação no tom de azul. Quando o Chade adotou sua bandeira (1960), a versão usada pelos romenos ostentava o brasão de armas do país. Mônaco e Indonésia também possuem uma bandeira em vermelho e branco, variando apenas as medidas oficiais.

Homenagem ao tapete

O Turcomenistão, na região da Ásia Central traz um tapete desenhado em sua bandeira nacional. A faixa apresenta os desenhos tradicionais de cinco *guls* (medalhões), que representam os *velayats* (estados) do país.

Mastros de bandeira mais altos

- Dövlet Bayragi Meydani, Baku, Azerbaijão .... 162 metros
- Kijŏng-dong, Panmunjom, Coreia do Norte .... 160 metros
- Praça de Ashgabat, Turcomenistão .... 133 metros
- Cidade de Acaba, Jordânia .... 130 metros
- Palácio de Raghadan, Amã, Jordânia .... 126 metros

PEQUENO DICIONÁRIO DE VEXILOLOGIA

A vexilologia é o estudo das bandeiras, sua história e seu simbolismo. Este termo foi criado em 1957 pelo norte-americano Whitney Smith, derivado do latim *vexillum*, que era a bandeira quadrada usada pelas tropas romanas. Antes, o estudo das bandeiras estava ligado à heráldica, que é o estudo dos brasões, seus símbolos e significados.

- **Adriça:** cabo usado para içar bandeiras e flâmulas. "Do lado da adriça" (ou zona de tralha) é a expressão que designa a parte da bandeira que fica junto ao mastro.
- **Anverso:** significa o lado frontal da bandeira (ou lado normal), aquele que está visível quando a tralha fica do lado esquerdo do observador. Alguns países árabes usam a bandeira nacional em sentido reverso.
- **Aspa:** cruz de braços diagonais em forma de X que se estendem entre os vértices da bandeira. Também conhecida como santor ou cruz de santo André.
- **Banda:** fita ou faixa que atravessa diagonalmente uma bandeira ou escudo de seu ângulo superior direito ao inferior esquerdo.
- **Bandeira civil:** é a bandeira nacional usada em terra pelos cidadãos de um país.
- **Bandeira estatal (ou de Estado):** é uma bandeira nacional hasteada em terra por instituições governamentais e oficiais. Ao contrário da bandeira civil, uma bandeira de Estado ostenta habitualmente o brasão de armas do país.
- **Bandeira nacional:** geralmente usada por civis e por instituições governamentais, em terra e mar, conhecida e utilizada internacionalmente para representar determinada nação.
- **Bandeira naval:** é o pavilhão usado pelos navios de guerra.
- **Bandeira provincial:** é aquela usada por uma província, estado, região, território ou departamento específico além da bandeira nacional. Muitos países possuem divisões territoriais e políticas próprias, garantindo por meio da constituição que entidades a nível subnacional ostentem suas próprias bandeiras ao lado da nacional.
- **Batente:** é a margem exterior da bandeira, a parte que fica mais afastada da haste e que "esvoaça" ao vento.

- **Bicolor:** é a bandeira composta por duas bandas (ou faixas) de cor. As bandas podem apresentar-se em formato horizontal ou vertical.
- **Brasões:** são os símbolos representativos de uma nação, família, autoridade religiosa, agremiação ou entidade específica. Incluem um escudo com cores e peças distintivas, suportes (figuras animais, humanas ou míticas), um timbre ou coronel (símbolo heráldico) acima do escudo, além de faixas, medalhas e outras insígnias. O estudo dos brasões, suas regras e seus significados, recebe o nome de heráldica.
- **Campo:** é o fundo de uma bandeira ou escudo. Quando este apresenta uma só cor é chamado de campo (ou fundo) sólido.
- **Cantão:** corresponde ao valor de um quarto da área de uma bandeira ou brasão. Numa bandeira, designa o quarto esquerdo superior de quem a observa.
- **Carga:** é a figura, símbolo ou emblema colocado no campo de uma bandeira.
- **Comprimento:** é a medida do lado da bandeira que fica perpendicular à haste.
- **Contrabanda:** fita ou faixa que atravessa diagonalmente uma bandeira ou escudo de seu ângulo superior esquerdo ao inferior direito.
- **Divisa:** pensamento impresso em poucas palavras, escrito sobre uma faixa para indicar um ideal, o nome de um lugar (toponímia), um grito de guerra ou uma unidade de tropa militar.
- **Emblema:** elemento muitas vezes utilizado como carga da bandeira, embora também possa ser usado separadamente. Pode representar uma nação, cidade, família ou organização.
- **Esquartelada:** uma bandeira é esquartelada quando é dividida em quatro partes iguais, podendo ser cada uma delas lisa ou decorada com emblemas.
- **Fímbria:** é uma guarnição ou orla (em geral mais estreita que a faixa) que rodeia uma área colorida ou riscada em uma bandeira, para que se destaque da área ou da cor adjacente.
- **Flâmula:** é uma pequena bandeira afunilada ou triangular, usada para assinalar a identificação de um navio. Usam-se muitas vezes bandeiras civis com esse formato como suvenir ou ornamento. Em outros casos, como nas datas festivas, as flâmulas acompanham a bandeira nacional no mastro.
- **Gonfalão:** bandeira vertical, tipo estandarte, suspensa por uma barra horizontal, com três pontas na parte inferior. Nas versões modernas de muitas cidades da Europa Central e Oriental, o gonfalão aparece com duas pontas.
- **Guião:** pendão ou estandarte que vai à frente das procissões, irmandades, tropas militares e desfiles cívicos. É geralmente conduzido por um cavaleiro.
- **Haste:** suporte em que se desfralda a bandeira.
- **Jack (jaque):** é uma bandeira pequena desfraldada na proa (frente) de um navio para indicar sua nacionalidade. A bandeira britânica, por exemplo, é conhecida por Union Jack (Bandeira da União).
- **Lábaro:** estandarte dos exércitos romanos.
- **Largura:** é a medida do lado paralelo à haste de uma bandeira.
- **Monograma:** entrelaçamento gráfico de duas ou mais letras iniciais do nome, do apelido ou da sigla do nome de uma pessoa, de uma companhia comercial ou instituição governamental.
- **Orla ou orlada:** diz-se da bandeira cuja cor central é circundada por uma cor diferente.
- **Ondado ou ondeado:** trata-se da bandeira cujas cores e divisões estão apresentadas em forma de ondulações. Quando há uma ou duas, geralmente representa rios e lagos; se em maior número são associadas às ondas do mar.

● **Pavilhão:** é a bandeira nacional desfraldada na popa dos navios. Um país pode ter um pavilhão civil para ser utilizado em embarcações de passageiros e mercantis, um pavilhão de Estado para navios não militares, e um pavilhão naval para navios de guerra.

● **Pendão:** derivação do espanhol *pendón*, para indicar o guião ou galhardete.

● **Proporção:** é a razão compreendida entre a largura e o comprimento de uma bandeira, indicando suas medidas oficiais. Por exemplo, uma bandeira que apresenta proporção 1:2 (um metro de largura por dois metros de comprimento) indica que ela tem o dobro de comprimento em relação à sua largura.

● **Reverso:** indica as "costas" ou o lado de uso "incomum" da bandeira, visível quando a haste está à direita do observador.

● **Serrilhado:** refere-se à divisão encontrada na bandeira em que duas cores estão separadas por um traço ou faixa em ziguezague.

● **Tralha:** é a margem ou parte da bandeira mais próxima da haste, por meio da qual esta é presa à adriça, permitindo içá-la em um mastro.

● **Triângulo (em):** refere-se à bandeira que está dividida ou contém um triângulo de cor diferente em seu campo, em geral situado junto à zona de tralha.

● **Tribanda, terciada ou tripartida:** é a bandeira cujas cores estão dispostas em três faixas, verticais ou horizontais.

● **Tricolor:** é uma bandeira dividida em três bandas ou faixas, cada uma com uma cor distinta, dispostas no sentido vertical ou horizontal.

● **Vexilologia:** é o estudo das bandeiras e de sua história. Este termo, empregado em 1965 pelo norte-americano Whitney Smith, deriva do latim *vexillum*, que era a bandeira quadrada usada pelas tropas romanas. Um vexilo é um emblema que pode ser sólido — como o estandarte da legião romana — ou de pano, como as bandeiras modernas. Quem estuda as bandeiras recebe o nome de vexilologista.

HISTÓRIA DAS BANDEIRAS

A origem das bandeiras reside na necessidade fundamental do ser humano de se comunicar. Quando o homem primitivo vagava pelas planícies e estepes, a ostentação de um galho poderia transmitir uma informação essencial se ele estivesse longe do alcance da voz, ou se seus braços estivessem fora do campo de visão normal. Com o tempo, os ramos naturais foram substituídos por varas de palha trançada, e mais tarde por tecidos grosseiros. Durante sua evolução, o homem desenvolveu um sistema relativamente sofisticado de sinalização.

Os seres humanos geralmente buscam conforto na companhia de outras pessoas que compartilham as mesmas crenças e os mesmos ideais, pois a vida em comunidade oferece proteção. Exemplos antigos de arte rupestre mostram associações complexas, não só entre os grupos de seres humanos, mas com os animais, sugerindo que os clãs eram conhecidos e identificados por suas "figuras totêmicas", que são imitações ou cópias que o homem faz da natureza para representar e classificar suas relações sociais.

Por volta de 5000 a.C., em suas cerimônias públicas, os egípcios já usavam insígnias simples, que consistiam em hastes e nas quais eram amarradas ervas ou mesmo partes do corpo de determinado animal, às vezes ornadas com fitas. Esses primeiros modelos, parecidos com grandes abanadores, receberam o nome de "vexiloides". Um dos exemplos mais antigos de que se tem conhecimento aparece num pote egípcio dessa época, que servia, provavelmente, para identificar as regiões do reino. Era comum no Egito Antigo os desfiles religiosos com a exibição de estandartes com figuras de animais, pois os sacerdotes e os guerreiros esperavam absorver as características dos seres ali representados. Imaginamos que os guerreiros sempre escolhiam animais poderosos com os quais se identificavam, mas nem sempre essa regra valia. O emblema dos vikings, por exemplo, que despertava o terror em quem o via, era um corvo, ave consagrada a Odin, o deus da guerra na mitologia nórdica.

Séculos antes dos vikings, os romanos escolheram a águia como seu totem. Esculpida em madeira ou forjada em metal, ela era colocada sobre uma haste; esse vexiloide, conhecido por *signum*, foi levado pelas legiões romanas que conquistavam territórios. A história das primeiras bandeiras estava essencialmente vinculada à identificação, por isso elas precisavam ser facilmente visíveis e reconhecidas. Os emblemas e as insígnias evoluíram mais rapidamente em circunstâncias militares do que na vida civil, pois a guerra demandava maior urgência para se comunicar.

Grupo de soldados, com um deles segurando um vexiloide. Pintura do templo da rainha Hatshepsut, de cerca de 1490 a.C.

Esses objetos parecidos com bandeiras existiram em diferentes épocas e civilizações, e eram feitos com os mais diversos materiais. Os assírios, por exemplo, levavam em suas batalhas dois tipos de estandartes feitos de metal: um com a figura de um arqueiro montado num touro, e outro com a imagem de dois touros. Os romanos também levavam uma haste com vários discos metálicos, geralmente feitos de bronze com uma mão aberta para afastar os maus espíritos. Os astecas tinham longas varas ornadas com penas do pássaro quetzal, que consideravam uma ave sagrada. Já os mongóis usavam rabos de cavalos (ou iaques) para enfeitar seus vexiloides, enquanto os chineses da dinastia Zhou (1050-256 a.C.) tinham bandeiras muito coloridas para identificar as unidades das tropas. Os japoneses e povos do sul da Ásia usavam estandartes ao estilo de um para-sol, objetos parecidos com guarda-chuvas.

Por volta do ano 100 da Era Cristã, os romanos também introduziram um novo tipo de bandeira — o vexilo — que era formado por um pano retangular suspenso por uma haste horizontal. Normalmente em vermelho ou roxo, ele tinha franjas ao longo de sua borda inferior, e quase sempre trazia o número e o símbolo da unidade que representava. Uma das versões mais conhecidas trazia a sigla SPQR, significando "O Senado e o Povo de Roma". Com o advento do cristianismo, os símbolos cristãos passaram a ser usados nas bandeiras romanas (chamadas de lábaro), após a conversão do imperador Constantino I no ano 313. Aliás, o termo "vexilologia" deriva do latim *vexillum*, que era o nome dessa bandeira usada pelos romanos.

Com o fim dos romanos e início da Idade Média, o surgimento dos reinos e dos feudos fez com que a necessidade de proteção de suas terras aumentasse e um novo personagem começou a se destacar: o cavaleiro. Membros da nobreza ou da classe proprietária de terras, eles eram consagrados por reis e senhores com várias distinções e adquiriram o direito de adotar símbolos que possibilitavam o seu reconhecimento. Com a evolução das armas de guerra, os elmos se tornaram mais sofisticados e passaram a ocultar a face dos guerreiros. No furor da batalha, momento em que todos ficavam muito parecidos, saber identificar os amigos dos inimigos era fundamental, por isso, os cavaleiros passaram a pintar esses símbolos em seus capacetes.

Com o tempo, emblemas que identificavam um cavaleiro no campo de batalha foram transferidos para o escudo. Versões simplificadas do brasão de armas também começaram a ser colocadas em faixas ou bandeiras, que tinham a vantagem de serem visíveis a distância. Os soldados de infantaria, especialmente, contavam com faixas e bandeiras para indicar quando deviam avançar ou recuar na batalha. Padrões de cores e símbolos claros tornaram-se essenciais para escudos e vestimentas de guerra, principalmente em condições sem vento, quando a bandeira deixava de tremular, no crepúsculo ou na névoa, ou em qualquer momento em que a visibilidade fosse ruim. À medida que os anos passavam e os casamentos se firmavam, os símbolos tornavam-se hereditariamente mais complexos, o que exigiu a criação de regras e a necessidade de um estudo mais cuidadoso para diferenciar um brasão do outro. Surgia então a heráldica.

Vexilo romano.

BANDEIRAS E HERÁLDICA

Heráldica é uma forma estilizada e padronizada de representar e de contar a descendência e as realizações de um indivíduo, de uma instituição ou de uma cidade, de uma região ou de um país. Ela pode ser considerada como o primeiro campo do saber a dedicar-se ao estudo e à sistematização dos símbolos, tanto dos brasões como das bandeiras. Um brasão de armas é formado por várias partes, sendo que a principal delas é o escudo, que é o objeto no qual se colocam faixas, divisões e símbolos. A superfície do escudo recebe o nome de campo, como também é chamado o retângulo da bandeira. Vários elementos encontram-se em volta do escudo e recebem denominação especial. Se forem pessoas ou animais que seguram o escudo, estes são chamados de tenentes ou suportes. Os objetos acima do escudo podem ser capacetes militares, coroas, animais, ramos ou mesmo estrelas e fortificações, que recebem o nome genérico de timbre. Geralmente os brasões apresentam abaixo (às vezes acima) do escudo, faixas nas quais se escrevem nomes ou lemas (em latim ou na língua materna), que são chamados de divisa ou listel.

Na heráldica existe apenas uma gama limitada de tinturas, composta de metais e de cores, cujos nomes são derivados do francês medieval. Os metais são o ouro (conhecido por *or*) e a prata (*argent*). Quando os metais são usados em bandeiras, o ouro é representado pelo amarelo, enquanto a prata representa-se pelo branco. As cores heráldicas, chamadas de esmaltes, são o vermelho (*goles*), o azul (*blau* ou *azur*), o preto (*sable*), o verde (*sinopla* ou *vert*) e a púrpura (*purpure*). As figuras de plantas e animais são pintadas nas cores naturais daquilo que representam. Já as imagens de pessoas são pintadas de acordo com a cor "da sua carnação".

Os cruzados liderados pelo rei Ricardo, Coração de Leão, rezam antes da batalha.

Foi em meados do século XII que a heráldica começou a desenvolver os princípios do que viria a ser aplicado para bandeiras e brasões de armas. O número de cores era limitado para garantir a melhor visibilidade possível a distância e certas combinações foram evitadas, como, por exemplo, metal sobre metal (cruz de ouro sobre campo de prata) ou cor sobre cor (cruz azul sobre campo verde), exceto se entre esses elementos houver uma fímbria (faixa pequena) de metal (cruz vermelha com fímbria de prata sobre campo azul).

Cruzes e crescentes tornaram-se símbolos difundidos com a Primeira Cruzada (1096-1099), quando os líderes cristãos de toda a Europa marcharam com seus exércitos para recuperar a Terra Santa dos muçulmanos. A maioria deles tinha uma grande cruz pintada ou bordada na túnica ou no escudo, cuja cor indicava a procedência do cruzado: vermelha para os franceses e os espanhóis, branca para os ingleses, azul para os italianos, amarela para os suíços, verde para os habitantes de Flandres (atuais Bélgica e Holanda), preta para os povos germânicos (atual Alemanha).

Por outro lado, as bandeiras dos povos árabes eram geralmente triangulares, e é provável que seu estilo, com o pano suspenso sobre a haste lateral (tralha), tenha inspirado as bandeiras do Ocidente séculos antes. Com a ascensão do islamismo, no século VII, essas bandeiras passaram a ter inscrições e desenhos geométricos, pois para essa religião não é permitida a representação de seres vivos. Outras eram exclusivamente monocromáticas. O crescente também era um símbolo que aparecia com frequência, embora já fosse usado na Ásia Central séculos antes do surgimento do Islã. Segundo a tradição, a bandeira de Maomé era toda negra. Em 661, os kharijitas adotaram uma bandeira vermelha da revolta contra o califa Ali. A dinastia Omíada (661-750), a partir de Damasco, adotou uma bandeira toda branca, enquanto a dinastia Abássida (750-1258), de Bagdá, preferiu a bandeira negra. O verde era a cor da dinastia Fatímida (909-1171), no norte da África, e mais tarde tornou-se a cor do Islã. No século XX, essas cores inspiraram as bandeiras do movimento conhecido como pan-arabismo.

Já as bandeiras chinesas eram triangulares, mas ao longo dos séculos variaram para o formato retangular; sua haste era feita de bambu e terminava em forma de um tridente, feito de metal. Seus vizinhos, os mongóis, adicionaram longas flâmulas às suas bandeiras, principalmente durante o reinado de Kublai Khan, neto de Gengis Khan.

A EVOLUÇÃO DOS PAVILHÕES MODERNOS

Na Idade Média, as bandeiras dos reis e dos nobres eram associadas a seus domínios, desde países até regiões e cidades, em vez de permanecerem ligadas a uma família ou dinastia. A bandeira da Inglaterra, usada desde 1277, é inspirada na bandeira de são Jorge (formada por um campo branco com uma cruz vermelha) ao contrário do estandarte de uso pessoal do rei, que possuía a imagem do santo matando o dragão. O mesmo ocorreu com a bandeira da Escócia, datada de 1286. Quando houve a união das coroas inglesa e escocesa e da Escócia, o rei Jaime I criou, em 1606, uma bandeira com as cruzes de são Jorge e de santo André superpostas. Nascia a Bandeira da União (Union Flag). Após a incorporação da Irlanda, em 1801, que usava a cruz de são Patrício, uma nova alteração foi feita na bandeira britânica, criando a chamada Union Jack.

Quando as viagens tornaram-se mais intensas e o comércio começou a prosperar, o uso das bandeiras tornou-se mais frequente. E foi no mar que elas ganharam espaço, principalmente pela necessidade de identificar navios e de controlar as rotas comerciais. Só no século XIX o uso de bandeiras em terra ganhou grandes proporções. Muitas destas se inspiravam no brasão de armas de seus reis e eram cheias de divisões e de ornamentos; a elas dava-se o nome de "bandeiras heráldicas".

A primeira bandeira moderna a romper com essa tradição foi a tricolor holandesa, adotada pelo príncipe Guilherme de Orange, em 1572, durante a luta contra os espanhóis pela independência das Províncias Unidas que formariam os Países Baixos. Composta de três faixas horizontais, nas cores laranja, branco e azul, ela era conhecida como Prinsenvlag (bandeira do príncipe) e logo se converteu em um símbolo de liberdade. O laranja foi escurecendo com o tempo, até que em 1660 acabou por se tornar vermelho.

Foi com esse padrão que as companhias de comércio holandesas alçaram suas bandeiras, usando sobre a faixa branca o monograma que as identificava. No período da invasão holandesa no Nordeste do Brasil (1630-1654), por exemplo, o pavilhão usado pelos batavos possuía, além do monograma, uma coroa dourada.

Conta a lenda que o czar Pedro, o Grande (1672-1725), em visita aos Países Baixos, teria se encantado com a bandeira holandesa, usando as cores vermelho, azul e branco para criar, em 1699, a primeira bandeira da Rússia. No século XIX, muitas nações eslavas nos Bálcãs e na Europa Oriental adotaram como símbolo essas mesmas cores, com diferentes arranjos, inspiradas na bandeira russa.

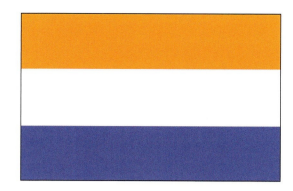

A Prinsenvlag, bandeira holandesa de 1572.

No final do século XVIII, duas novas bandeiras surgiram como símbolos de liberdade no mundo ocidental. A primeira delas nasceria do outro lado do Atlântico, com a independência dos Estados Unidos (1776), que se afirmaria simbolicamente com um desenho inovador. Formada por 13 faixas alternadas em vermelho e branco (derivada da antiga bandeira comercial usada pelos britânicos), a bandeira norte-americana possuía um cantão azul com o número de estrelas correspondente ao das faixas. Entre 1795 e 1818, a bandeira teve 15 faixas e 15 estrelas, com a adesão de dois novos estados, mas quando o número de membros da União chegou a vinte, uma resolução do Congresso reverteu a bandeira para as 13 listras originais e, desde então, apenas o número de estrelas aumentou conforme a adesão de

A bandeira idealizada por Betsy Ross (1776), quadro de Jean Leon Gerome Ferris.

novos estados-membros. Esse modelo inspirou as bandeiras de vários países e de várias regiões nos dois séculos seguintes.

A segunda bandeira notável nasceu durante a Revolução Francesa (1789), quando o marquês de Lafayette uniu as cores azul e vermelha, originárias do brasão da capital Paris, com a cor branca, representativa da família real. Disposta em formato tricolor na vertical, ela indicava inicialmente a reconciliação do rei com a cidade após a queda da Bastilha, mas logo passou a ser associada com a Revolução e com os ideais de liberdade, igualdade e fraternidade, sendo adotada como símbolo nacional em 1794. A tricolor francesa serviu de modelo para várias bandeiras nacionais desde então e só deixou de ser usada durante o período da Restauração, entre 1814 e 1830.

Nas duas primeiras décadas do século XIX, uma onda libertadora pôs fim ao domínio espanhol e português nas Américas, propiciando o surgimento de novas bandeiras. A tricolor apresentada por Francisco de Miranda, em 1811, foi a primeira a simbolizar o ideal de emancipação da América do Sul contra o domínio ibérico. Usada pela Venezuela, pela Colômbia e mais tarde pelo Equador, suas cores simbolizavam o azul do mar que separava a América da Europa, o sangue dos heróis (vermelho) e a riqueza usurpada pelos "tiranos" da Espanha (amarelo). Já a bicolor branca e azul, usada no estandarte do general Manuel Belgrano durante a luta pela independência na Argentina, em 1812, serviu de inspiração para as futuras nações do istmo, adotada pela primeira vez no pavilhão da República Federal Centro-Americana (1823-1838).

Da mesma forma que o brasão de armas se tornou um emblema associado ao governante e ao país, também a bandeira veio a se tornar um objeto com que as pessoas podiam se identificar, já que o conceito de bandeira nacional como um símbolo do povo surgiu muitas vezes antes de o Estado na-

A liberdade guiando o povo, por Eugène Delacroix, 1830.

cional se tornar prevalecente, e, em muitos casos, ela foi introduzida por líderes dos movimentos de independência, por estudantes ou por revolucionários e só depois foi adotada oficialmente por um governo. Exemplo disso aconteceu na Europa, onde as revoluções ocorridas em 1848 levaram o povo às ruas e uma série de novas bandeiras foi desfraldada pela primeira vez.

O século XIX também marca a ascensão do Império Britânico, que no seu auge governava aproximadamente um quarto da população mundial, cobria quase a mesma proporção da superfície terrestre e dominava praticamente todos os oceanos. Sua bandeira exerceu grande influência em outros povos e culturas, e, mais do que ela, os pavilhões usados pela Marinha, com a Union Jack em seu cantão, serviram de base para as bandeiras das colônias britânicas, que a partir de 1867 passaram a usá-las com a adição do emblema local.

Esse modelo ainda resiste nas bandeiras da Austrália e da Nova Zelândia, que comumente usam a versão em azul desse pavilhão; Fiji, Tuvalu e a antiga Rodésia do Sul (1964-1968) a adotaram em um tom mais claro. As primeiras bandeiras nacionais do Canadá (1868-1965) e da África do Sul (1910-1928) foram baseadas no pavilhão vermelho. O pavilhão branco, com a cruz de são Jorge, serviu de modelo para muitas bandeiras navais dos países da Comunidade Britânica. Holanda, Espanha e Portugal não tinham o costume de usar bandeiras específicas para suas colônias ultramarinas. A França esboçou algumas bandeiras para suas possessões no Pacífico, e, mais tardiamente, para as suas colônias no Oriente Médio, na Indochina e na África. Itália e Alemanha, unificadas posteriormente, criaram apenas bandeiras para os governadores das colônias. O Congo, única colônia belga até então, passou a usar uma bandeira própria em 1885.

O alvorecer do século XX marcou uma verdadeira transformação política e ideológica em escala global. O mundo, que até então contava com pouco mais de cinquenta nações, viu esse número quase que quadruplicar cem anos depois. Muitas foram as "bandeiras-chave" que desempenharam papel importante na escolha dos símbolos desses novos países. Foi também pelo esporte que as bandeiras nacionais ganharam um novo espaço, ainda mais depois dos primeiros Jogos Olímpicos da Era Moderna (1896) e da ascensão do futebol, com a realização da primeira Copa do Mundo (1930).

A bandeira do Partido Comunista da Rússia, idealizada a partir do pavilhão vermelho usado na Comuna de Paris (1870), tinha uma foice e um martelo dourados com uma estrela vermelha no topo; após a Revolução Russa (1917) e a vitória dos bolcheviques, ela se transformou na bandeira da recém-criada União Soviética (1923). A chamada "bandeira vermelha" foi copiada por outros países, como China, Vietnã, Camboja (1976-1989), República do Congo (1969-1991) e Afeganistão (1978-1980), que seguiram o mesmo estilo e a mesma ideologia.

Bandeira soviética em um selo de 1982.

Outra bandeira de influência ideológica no começo do século XX foi a usada durante a revolta árabe do Reino de Hejaz em 1917; junto com a bandeira do movimento egípcio de libertação (1953), inspiraram os estandartes das nações no Oriente Médio e no norte da África com suas cores pan-árabes. A Etiópia, chamada de Abissínia, era a única nação africana que não havia sido colonizada pelas potências europeias. Sua bandeira, usada desde 1897, era tricolor (vermelha, amarela e verde) e suas cores tive-

Bandeira da Etiópia (1897).

Bandeira de Marcus Garvey (1920).

ram forte repercussão entre os nacionalistas africanos. O vermelho representa o sangue derramado dos ancestrais, o amarelo alude à luz do sol e à liberdade, e o verde denota a riqueza da terra.

Por outro lado, o movimento negro norte-americano, liderado por Marcus Garvey, havia criado em 1920 um estandarte com as cores vermelha, preta e verde para manifestar o sentimento de irmandade africana. Foram essas duas bandeiras que inspiraram o movimento conhecido como pan-africanismo e as nações libertadas do colonialismo adotaram essas cores para as suas bandeiras a partir da segunda metade do século.

O período compreendido pelas duas grandes guerras mundiais também trouxe um forte apelo às bandeiras, usadas como verdadeiros ícones propagandísticos para fortalecer o sentimento de identidade nacional. O Japão ascendia como potência imperial na Ásia, passando a usar com maior frequência a Hinomaru (bandeira com a esfera solar) nos territórios ocupados por seu Exército. Mas o símbolo que marcou a Segunda Guerra Mundial foi a suástica, usada na bandeira nazista criada por Hitler e que se converteu em emblema máximo do Terceiro Reich entre 1935 e 1945.

Bandeira nazista hasteada na Acrópole em Atenas, Grécia, 1941.

Bandeira americana em solo lunar.

Após o fim do conflito mundial, as potências europeias foram pressionadas a libertar suas colônias, o que resultou em uma enorme onda de novos países independentes, primeiramente na Ásia, estendendo-se à África, à Oceania e às ilhas do Caribe. Como consequência, uma grande e variada quantidade de bandeiras nacionais surgiu, como nunca vista antes. Em alguns países, as cores do partido político que liderou o processo de independência acabaram compondo sua bandeira nacional. Era também o tempo da Guerra Fria, em que Estados Unidos e União Soviética rivalizavam pela influência política, econômica e ideológica do mundo. Resultado dessa disputa, a corrida espacial levou o homem ao espaço e a marca dessa conquista se fez com a bandeira americana fincada em solo lunar em 20 de julho de 1969.

Outro ponto marcante na florescência de novas bandeiras se deu com as mudanças políticas advindas da queda do muro de Berlim (1989) e do fim da União Soviética (1991), que culminou não só com a ascensão de novos Estados nacionais (muitos deles recuperando sua independência), mas também com o ressurgimento de antigos símbolos dos países que estavam sob influência do regime comunista.

Este novo século mostra mudanças pontuais nas bandeiras de alguns países em virtude da mudança de seu regime político ou da busca de um novo símbolo para melhor representar o povo e a nação, como nos casos da Geórgia (2004), Lesoto (2006), Iraque (2009) e Malaui (2010).

Bandeira alemã durante os protestos pela queda do muro de Berlim, 1989.

Novos países também surgiram no cenário internacional, com a independência formal de Timor-Leste (2002), de Montenegro (2006) e, mais recentemente, do Sudão do Sul (2011)*, dando vida a novos símbolos no cenário internacional. A mudança ou o surgimento de uma nova bandeira é algo comum, pois os símbolos são válidos enquanto retratam a realidade da nação ou do povo que representam; algo que sempre muda pela vivência da história.

---

* Houve também a declaração de independência do Kosovo (2008) ante a República da Sérvia, que recebeu reconhecimento parcial. No mesmo ano, as regiões da Abicásia e da Ossétia do Sul, na Geórgia, declararam sua independência daquele país, apenas reconhecida pela Rússia.

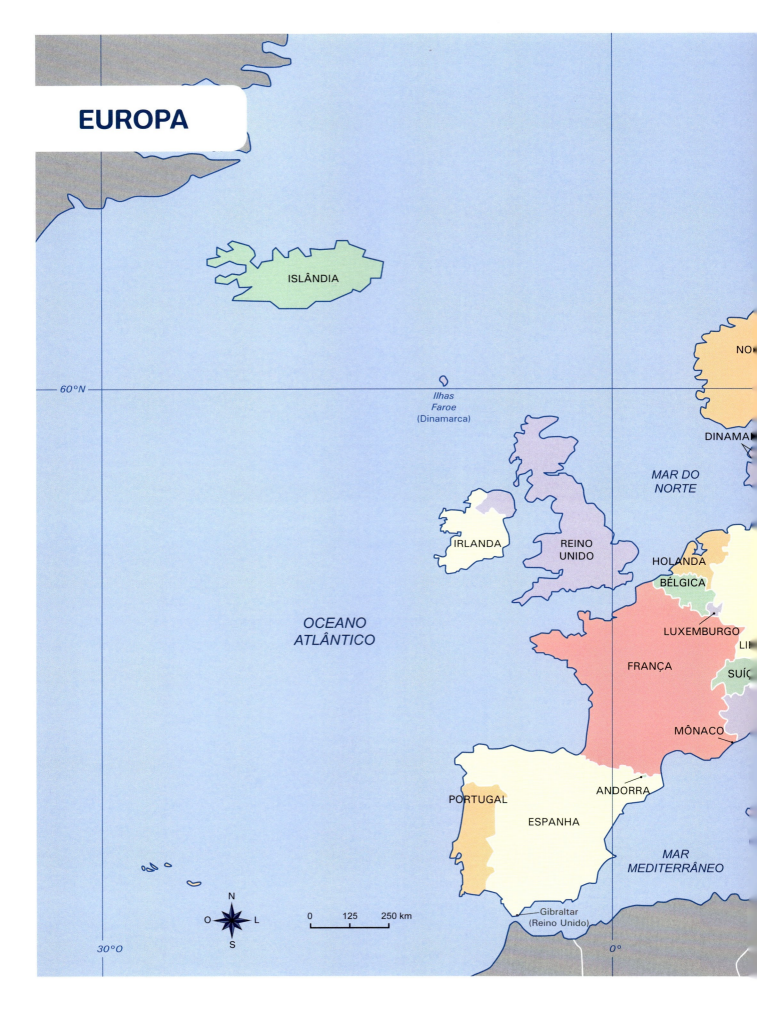

ÁSIA (PARTE LESTE)

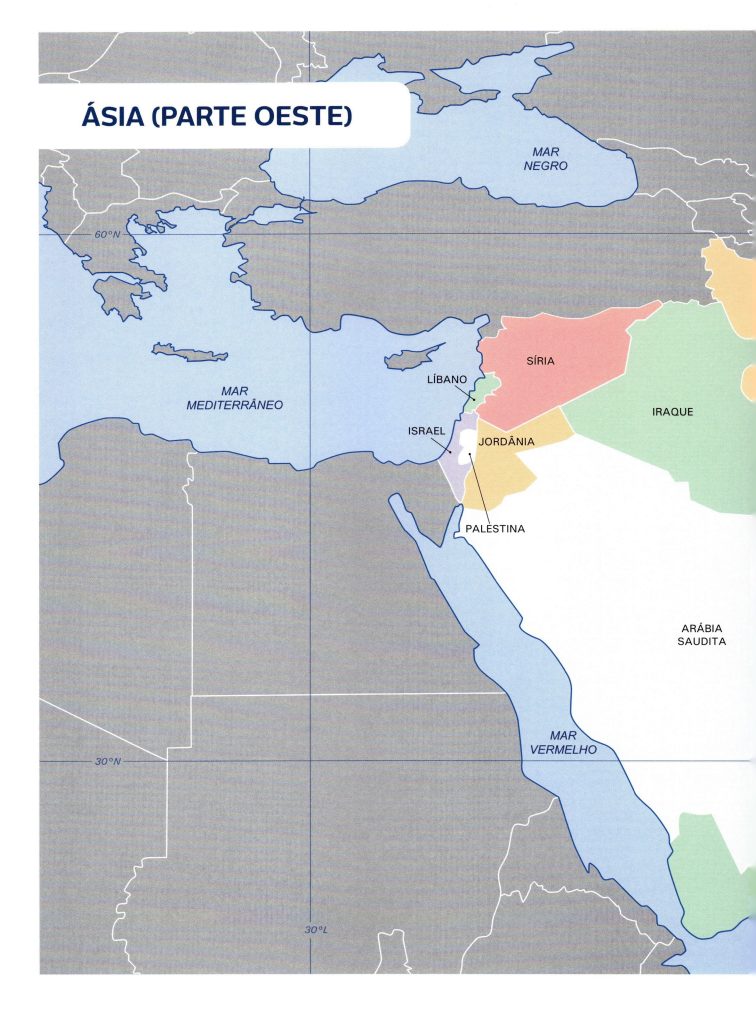

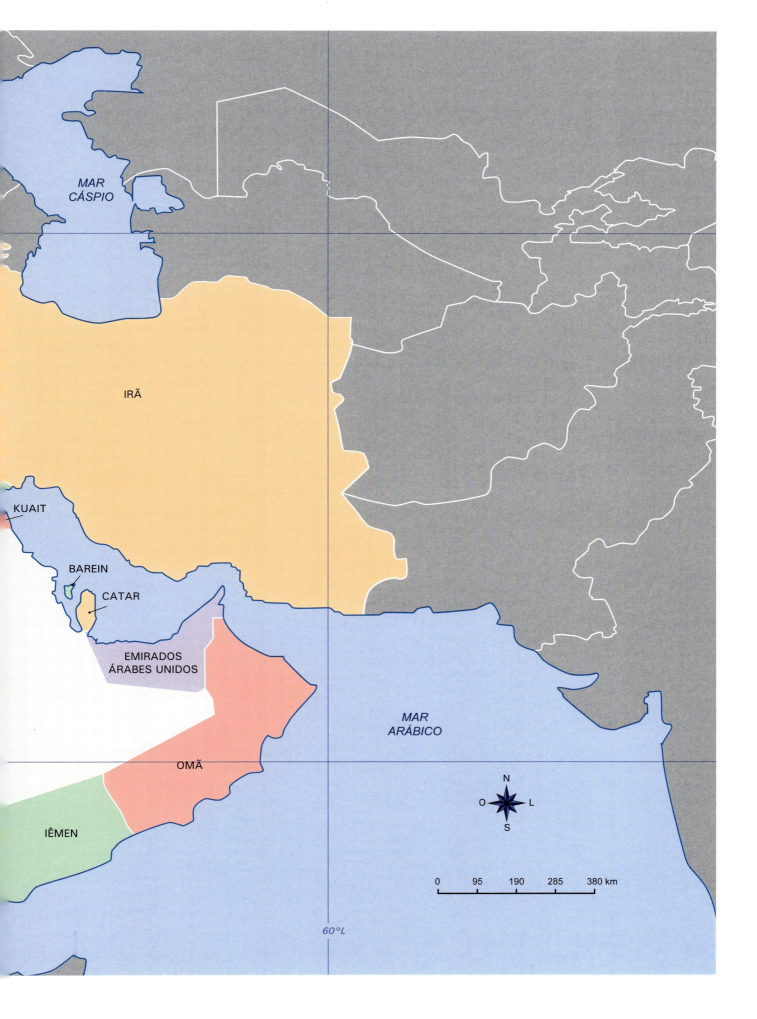

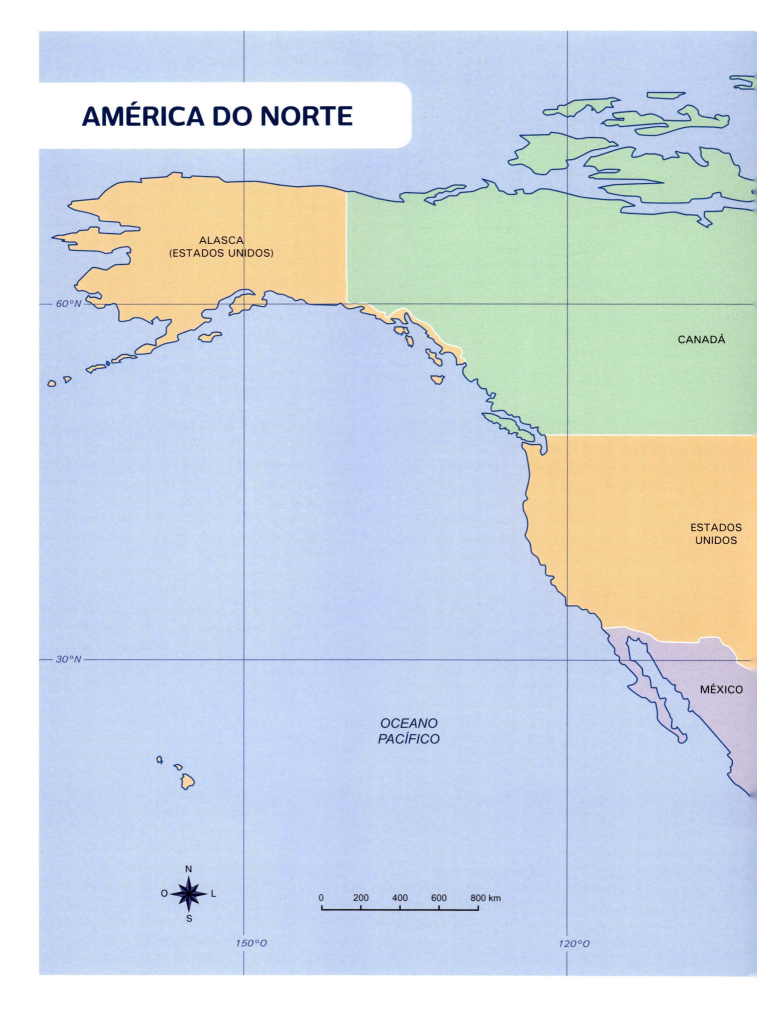

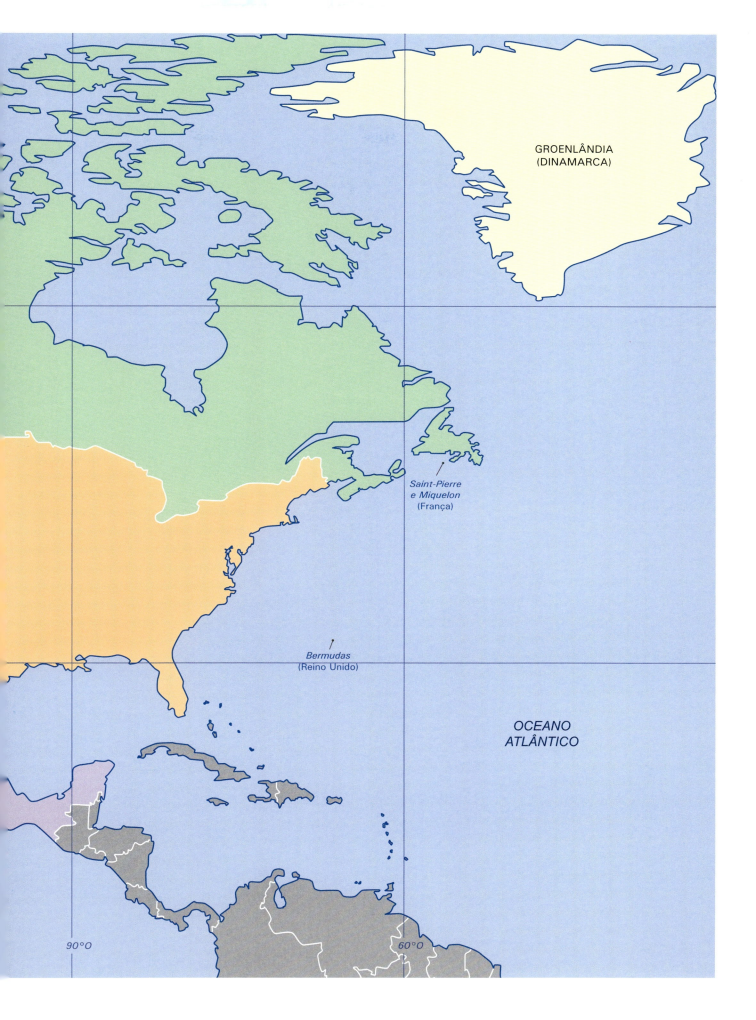

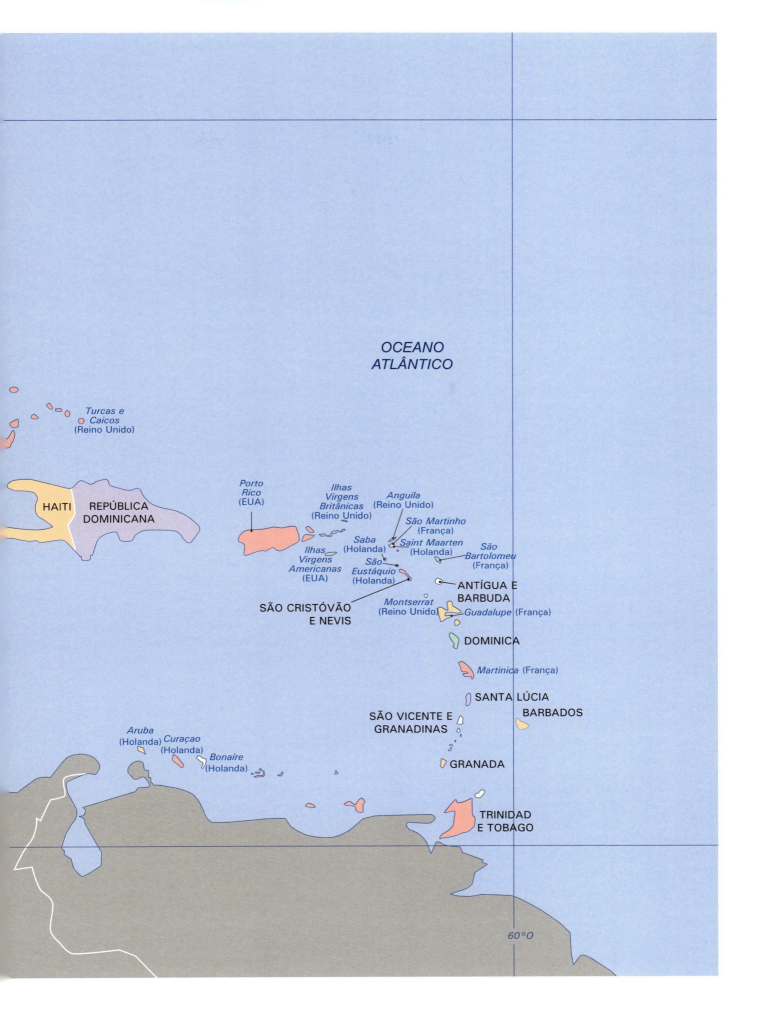

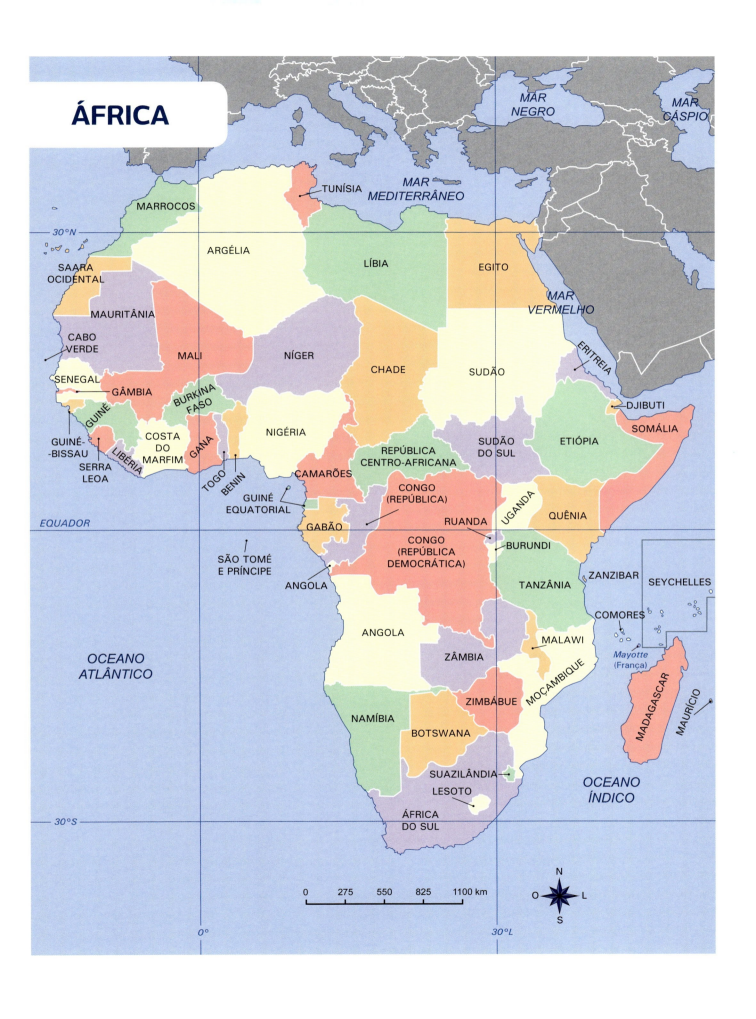

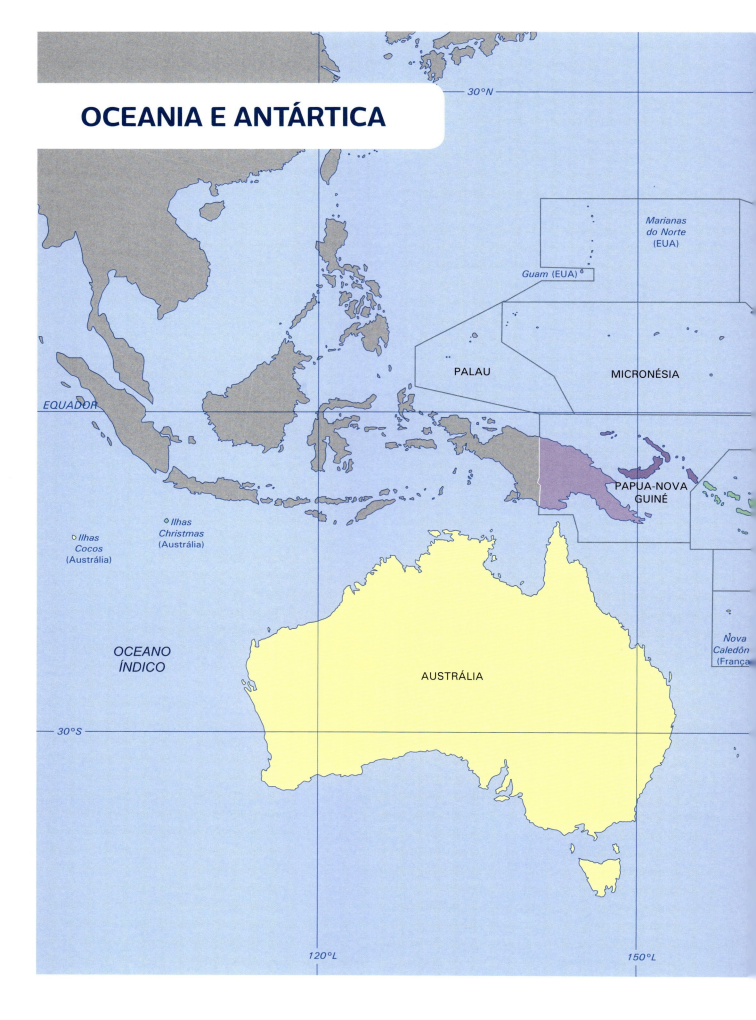

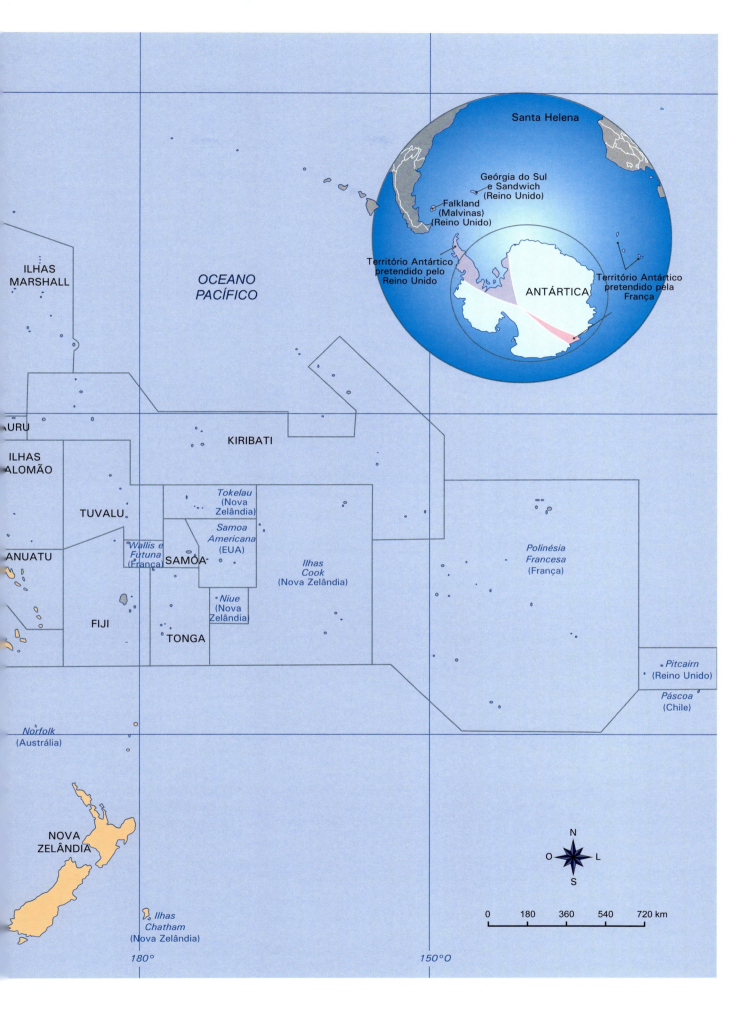

EUROPA

Neste capítulo são apresentadas as bandeiras do continente europeu, que possui a mais longa e duradoura tradição de uso de símbolos nacionais, com alguns antigos pavilhões ainda vigentes. Bandeiras como a da Inglaterra e da Escócia, datadas da época das Cruzadas, ainda sobrevivem no pavilhão da Union Jack britânica. Entre as bandeiras dos países setentrionais prevalece a famosa cruz nórdica – uma herança da bandeira dinamarquesa, usada desde o século XIII.

Nesta parte também se encontram as bandeiras que figuraram na expansão marítima, com as versões históricas de Portugal e Espanha. A Europa foi o berço de grandes revoluções, e o espírito revolucionário permanece nas tricolores holandesa e francesa, cujas cores inspiraram vários outros movimentos nacionalistas. Na Europa Central, Oriental e nos Bálcãs, predominam as cores pan-eslavas (vermelho, branco e azul), influenciadas pela bandeira tricolor da Rússia. As bandeiras dos estados da Alemanha, dos cantões da Suíça, das comunidades da Espanha e da Bélgica e das repúblicas da Rússia mereceram destaque neste capítulo, assim como as bandeiras dos departamentos e coletividades ultramarinas da França, dos territórios e municípios especiais dos Países Baixos, e das dependências e territórios da Grã-Bretanha. Foram incluídas também as bandeiras do Chipre, da Turquia e dos países do Cáucaso, que embora sejam nações localizadas em parte da Ásia, mantêm uma estreita relação com o continente europeu.

EUROPA

ALBÂNIA

República da Albânia

Capital: Tirana
Proporções: 5:7
Adotada em: 7 de abril de 1992

Históricas

(1912-1914)

(1914-1920)

(1920-1926)

(1926-1928)

(1928-1939)

Sob ocupação italiana
(1939-1943)

Sob ocupação nazista
(1943-1944)

(1944-1946)

(1946-1992)

ALEMANHA

República Federal da Alemanha

Capital: Berlim
Proporções: 3:5
Adotada em: 9 de maio de 1949
[usada também de 1848-1871 e de 1918-1933]

Estatal

Históricas

(1871-1918 / 1933-1935)

Sob administração dos
aliados (1946-1949)

Quando a Alemanha foi unificada, em 1871, escolheu-se a tricolor em preto, branco e vermelho, usada pela Confederação Norte-Germânica. Após a fundação da República de Weimar, em novembro de 1918, foi escolhida como bandeira o pavilhão preto, vermelho e amarelo, também usado nas revoluções de 1848. Com o estabelecimento do regime nazista, a antiga bandeira imperial (versão de 1871-1918) foi restaurada entre 1933 e 1935. Depois que a Alemanha foi derrotada na Segunda Guerra Mundial, os Aliados impuseram uma nova bandeira em 1946, usada pela Marinha Mercante do país até o retorno do modelo preto, vermelho e amarelo como símbolo nacional, em 1949.

(1935-1945)

Alemanha nazista (1935-1945)

Quando os nazistas assumiram o poder na Alemanha, em 1933, a bandeira preta, branca e vermelha foi restaurada como símbolo nacional e usada junto com a bandeira do partido. Em 15 de setembro de 1935, a bandeira nazista se tornou símbolo nacional exclusivo. Ela foi criada por Adolf Hitler em 1920, justificando que o uso das cores era uma homenagem à bandeira imperial da Alemanha; a suástica era um símbolo de boa sorte e poderia se tornar um emblema eficaz para o movimento. Com o fim da Segunda Guerra Mundial, a bandeira foi proibida.

(1959-1990)

Alemanha Oriental (1959-1990)

Quando foi fundada a República Democrática Alemã (Alemanha Oriental), em 1949, o novo país socialista usava a mesma bandeira que a República Federal da Alemanha (Alemanha Ocidental). Para distinguir as bandeiras das duas nações, a Alemanha Oriental acrescentou, a partir de 1959, o escudo do país, desenhado em 1955. Com a unificação, em 1990, os símbolos do lado oriental deixaram de existir. De 1956 a 1964, as duas Alemanhas competiram nos Jogos Olímpicos como um único time e usaram uma única bandeira (entre 1960 e 1968), que tinha sobre a faixa vermelha o desenho dos aros olímpicos em branco.

Regiões históricas

(1863-1918)

Prússia (1863-1918)

A Prússia ocupava grande parte do que hoje são as atuais Polônia e Alemanha, além de territórios onde se encontram os países do Báltico e o enclave de Kaliningrado, na Rússia. Em 1701, foi proclamado o Reino da Prússia, que a partir de 1870 se converteu no principal membro do Império Alemão, tendo sobrevivido como território autônomo até o final da Segunda Guerra Mundial. Sua bandeira teve origem na Idade Média, quando os cavaleiros da Ordem Teutônica usavam uma cruz negra sobre um pano branco. Desde a fundação do reino (1701), a bandeira passou a ser branca, com uma águia negra segurando uma orbe e um cetro em suas garras, tendo acima da cabeça a coroa real (depois imperial) e portando no peito a sigla FR [Fredericus Rex] – uma alusão ao rei Frederico I (1657-1713). Entre 1863 e 1918 surge a versão mais conhecida, em que a bandeira ganhou as duas barras negras.

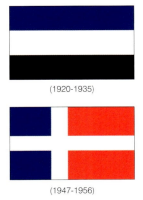
(1920-1935)

(1947-1956)

Bandeiras do Sarre

O Sarre, hoje um estado da Alemanha, foi administrado pela França como protetorado especial entre 1920 e 1935 sob o amparo da Liga das Nações e após o fim da Segunda Guerra Mundial. A região chegou, inclusive, a participar das Olimpíadas de Helsinque, na Finlândia, em 1952, e a disputar as eliminatórias para a Copa do Mundo da Suíça, em 1954. Em 23 de outubro de 1955, um referendo consultou a população local sobre a manutenção da independência, porém os habitantes do Sarre decidiram juntar-se novamente à Alemanha, o que ocorreu em 1º de janeiro de 1957. De 1947 a 1956, o protetorado usou uma bandeira composta de uma cruz nórdica branca que, junto com o azul e o vermelho (cores da bandeira francesa), indicava sua administração política.

EUROPA

Estados da Alemanha

Baden-Württemberg

Baixa Saxônia

Bavária

Berlim

Brandemburgo

Bremen

Hamburgo

Hesse

Mecklemburgo-Pomerânia Ocidental

Renânia do Norte-Vestfália

Renânia-Palatinado

Sarre

Saxônia

Saxônia-Anhalt

Schleswig-Holstein

Turíngia

ANDORRA

Principado de Andorra

Capital: Andorra la Vella
Proporções: 7:10
Adotada em: 10 de julho de 1866*

Históricas

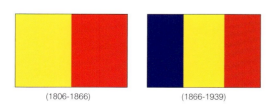

(1806-1866)   (1866-1939)

---

* O brasão de armas foi oficialmente incluído na bandeira a partir de 1939.

ARMÊNIA

República da Armênia

Capital: Ierevan
Proporções: 1:2
Adotada em: 24 de agosto de 1990*

Históricas

República da Armênia
(1918-1922)

República Socialista Soviética
da Armênia (1936-1940)

República Socialista Soviética
da Armênia (1940-1952)

República Socialista Soviética
da Armênia (1952-1990)

ÁUSTRIA

República da Áustria

Capital: Viena
Proporções: 2:3
Adotada em: 1º de maio de 1945
[em uso desde 1786]

Estatal

---

* Em 1918 e de 1922 a 1936 a bandeira nacional adotada foi a da Transcaucásia. Ver página 75.

EUROPA

AZERBAIJÃO

República do Azerbaijão

Capital: Baku
Proporções: 1:2
Adotada em: 5 de fevereiro de 1991*

Históricas

(1918)

(1918-1920)

República Socialista Soviética do Azerbaijão (1920-1921)

República Socialista Soviética do Azerbaijão (1937-1940)

República Socialista Soviética do Azerbaijão (1940-1952)

República Socialista Soviética do Azerbaijão (1952-1991)

República de Nagorno-Karabakh (1922-)

Nagorno-Karabakh é uma região de população armênio-cristã localizada no território do Azerbaijão (país majoritariamente islâmico). Em 10 de dezembro de 1991, à medida que a União Soviética entrava em colapso, um referendo local apontou o desejo de independência do Azerbaijão, com a proclamação da República de Nagorno-Karabakh, que, embora autônoma, não é reconhecida por nenhum país. Sua bandeira é semelhante à da vizinha Armênia, tendo uma secção branca para indicar que os armênios dessa região estão separados de sua pátria-mãe.

---

* Em 1918, e de 1922 a 1936, a bandeira nacional adotada era a da Transcaucásia. Ver página 75.

EUROPA

BELARUS

República de Belarus (Bielorrússia)
Capital: Minsk
Proporções: 1:2
Adotada em: 16 de maio de 1995

Históricas

Belarus (1918 / 1991-1995)

República Socialista Soviética da Bielorrússia (1919-1937)

República Socialista Soviética da Bielorrússia (1937-1951)

República Socialista Soviética da Bielorrússia (1951-1991)

BÉLGICA

Reino da Bélgica
Capital: Bruxelas
Proporções: 2:3
Adotada em: 23 de janeiro de 1831

Histórica

(1830-1831)

Regiões e comunidades da Bélgica

Comunidade Germanófona Belga

Flandres

Região de Bruxelas (capital)

Valônia

Na Bélgica existem quatro "comunidades" linguísticas que se encontram em três regiões especiais: a região da Valônia, que compreende a comunidade de fala francesa; a região de Flandres, cuja comunidade fala flamengo (holandês); e a região de Bruxelas (capital), que engloba ambas as comunidades linguísticas. Há também uma comunidade germanófona (de fala alemã), no leste do país. Cada uma delas tem sua própria bandeira.

BÓSNIA-HERZEGOVINA

República da Bósnia-Herzegovina

Capital: Sarajevo
Proporções: 1:2
Adotada em: 4 de fevereiro de 1998*

Históricas

Condado Muçulmano da Bósnia
[administração otomana] (1878)

Bósnia-Herzegovina [administração
austro-húngara] (1878-1908)

República Socialista Iugoslava da
Bósnia-Herzegovina (1946-1992)

Bósnia-Herzegovina (1992-1998)

BULGÁRIA

República da Bulgária

Capital: Sófia
Proporções: 3:5
Adotada em: 22 de novembro de 1990
[usada também de 1867-1947]

Históricas

(1947-1948)   (1948-1968)   (1968-1971)   (1971-1990)

---

* De a 1908 a 1918 foi usada oficialmente a bandeira do Império Austro-Húngaro. De 1918 a 1941, o país fez parte do Reino da Iugoslávia. Entre 1941 e 1946, esteve ligado ao Estado Independente da Croácia.

CHIPRE

República do Chipre
Capital: Nicósia
Proporções: 3:5
Adotada em: 16 de agosto de 1960

Históricas

Chipre Britânico (1878-1960)

(1960)

República Turca do Chipre do Norte (1983-)

A República Turca do Chipre do Norte (não reconhecida por outros países, exceto pela Turquia) compreende a porção setentrional da República do Chipre. Parte do Império Otomano desde o século XV, a República do Chipre do Norte se tornou colônia britânica em 1878, e alcançou sua independência em 1960. Habitada por cipriotas de origem grega e turca, sua bandeira nacional, adotada em 1983, é uma versão reversa das cores da bandeira turca.

CROÁCIA

República da Croácia
Capital: Zagreb
Proporções: 1:2
Adotada em: 22 de dezembro de 1990*

Históricas

Estado Independente
da Croácia (1941-1945)

República Socialista Iugoslava
da Croácia (1947-1990)

República da
Croácia (1990)

---

* Entre 1945 e 1947 adotou-se a bandeira nacional da Iugoslávia.

EUROPA

DINAMARCA

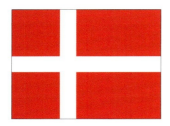

Reino da Dinamarca

Capital: Copenhague
Proporções: 28:37
Adotada em: 1625

Regiões autônomas

Groenlândia
(América do Norte)

Ilhas Faroe
(Europa)

ESLOVÁQUIA

República Eslovaca

Capital: Bratislava
Proporções: 2:3
Adotada em: 1º de janeiro de 1993

ESLOVÊNIA

República da Eslovênia

Capital: Liubliana
Proporções: 1:2
Adotada em: 24 de junho de 1991

Histórica

República Socialista Iugoslava
da Eslovênia (1947-1991)

ESPANHA

Reino de Espanha

Capital: Madri
Proporções: 2:3
Adotada em: 19 de dezembro de 1981

EUROPA

Históricas

A bandeira Cruz de Borgonha foi usada pela Espanha de 1516 a 1580 como insígnia naval. Foi escolhida por Felipe I de Castela depois de seu casamento com Joana I de Castela, pois era o símbolo da casa de sua mãe, a duquesa Maria de Borgonha. Até 1843, foi também a bandeira de guerra para uso em terra. Durante a colonização espanhola das Américas, a Cruz de Borgonha serviu de bandeira aos vice-reis do Novo Mundo.

Territórios autônomos da Espanha

Cidades autônomas da Espanha

EUROPA

ESTÔNIA

República da Estônia

Capital: Tallin
Proporções: 7:11
Adotada em: 7 de agosto de 1990
(usada também de 1918-1940)

Históricas

República Socialista Soviética
da Estônia (1940-1953)

República Socialista Soviética
da Estônia (1953-1990)

FINLÂNDIA

República da Finlândia

Capital: Helsinque
Proporções: 11:18
Adotada em: 29 de maio de 1918

Estatal

Históricas

(1917-1918)

(1918-1920)

Território autônomo

Região Autônoma de Åland

FRANÇA

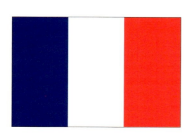

República Francesa

Capital: Paris
Proporções: 2:3
Adotada em: 15 de fevereiro de 1794
(usada também de 1794-1814 / 1815 / 1830-)

Históricas

Estandarte real
(1365-1632)

Bandeira real
(1632-1790)

Bandeira republicana
(1790-1794)

Bandeira da Restauração
(1814-1815 / 1815-1830)

Territórios ultramarinos (Departamentos)

Guadalupe
(América Central)

Guiana Francesa
(América do Sul)

Mayotte (Maiote)*
(África)

Martinica
(América Central)

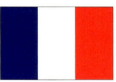
Reunião (Ilha de)
(África)

Coletividades ultramarinas

Nova Caledônia
(Oceania)

Polinésia Francesa
(Oceania)

Saint-Pierre e Michelon
(América do Norte)

São Bartolomeu
(América Central)

São Martinho
(América Central)

Terras Austrais e Antárticas Francesas
(África e Antártica)

Wallis e Futuna
(Oceania)

Os departamentos e territórios ultramarinos da França são as áreas administradas pelo país fora do continente europeu. Os departamentos e regiões ultramarinas geralmente têm mais autonomia em relação às coletividades ultramarinas. Há também a Coletividade Ultramarina Especial da Nova Caledônia, que ganhou status diferenciado a partir de 1998. Outra categoria de território com status diferenciado são as Terras Austrais e Antárticas Francesas. Com exceção de Reunião, todas elas já escolheram uma bandeira local, geralmente hasteada junto com a bandeira francesa.

---

* Maiote é reivindicada por Comores como sua possessão territorial.

EUROPA

GEÓRGIA

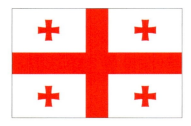

República da Geórgia

Capital: Tbilisi
Proporções: 2:3
Adotada em: 14 de janeiro de 2004*

Históricas

(1918-1921)

República Socialista Soviética
da Geórgia (1922)

República Socialista Soviética
da Geórgia (1937-1951)

República Socialista Soviética
da Geórgia (1951-1991)

(1991-2004)

Territórios autônomos

República da Abicásia

República da Ossétia do Sul

República Autônoma
de Adiaria

As Repúblicas Autônomas da Geórgia (Abicásia e Ossétia do Sul) foram estabelecidas ainda na época da União Soviética e reconhecidas como entidades autônomas pela constituição da Geórgia. Em 2004, foi estabelecida a República Autônoma da Adiaria (Adjaria), leal ao governo georgiano. Abicásia e Ossétia do Sul, que pregam o separatismo, são reconhecidas como países independentes apenas pela Rússia.

---

* Em 1918, e de 1922 a 1936, a bandeira nacional adotada era a da Transcaucásia. Ver página 75.

GRÉCIA

República Helênica

Capital: Atenas
Proporções: 2:3
Adotada em: 1832*

Históricas

(1822-1975)**

(1973-1975)

República das Ilhas Jônicas (1800-1807)

Ilhas Jônicas Britânicas (1817-1864)

Principado de Samos (1835-1912)

Ilha de Creta (1898-1908)

Ilhas Gregas

Resquício dos antigos domínios da República de Veneza, as Ilhas Jônicas formavam uma república livre no início do século XIX, e tiveram a primeira bandeira de um território helênico independente na história da Grécia moderna. A bandeira tinha o leão de são Marcos (símbolo de Veneza). A partir de 1817, as ilhas se converteram em um protetorado britânico, ostentando a Union Jack até se incorporarem à Grécia em 1864. A ilha de Samos – um principado autônomo na região – também teve uma bandeira própria entre 1834-1912 antes de se juntar formalmente à Grécia. A ilha de Creta pertenceu à Veneza de 1204 a 1669, até ser tomada pelo Império Otomano. Em 1897, após a revolta contra o sultão otomano, Creta tornou-se semi-independente, usando entre 1898-1908 uma bandeira própria. A ilha se uniu ao território grego em 1913.

República de Monte Athos

A República de Monte Athos, localizada na região da Macedônia Central, na Grécia, tem o status de entidade teocrática independente. Seu território é habitado por monges ortodoxos, distribuídos em vinte mosteiros principais. É preciso ter permissão especial para visitar o lugar e o acesso às mulheres não é permitido. Na bandeira aparece uma águia coroada bicéfala, segurando um globo e uma espada (por vezes, uma cruz), símbolos associados à Igreja Ortodoxa. O amarelo-ouro representa a luz divina.

---

* A bandeira nacional está em uso desde 1832, sem data de adoção oficial. As cores foram regulamentadas em 22 de dezembro de 1978.
** Versão usada em terra, junto com a bandeira nacional.

EUROPA

HOLANDA (PAÍSES BAIXOS)

Reino dos Países Baixos
Capital: Amsterdã
Proporções: 2:3
Adotada em: 16 de março de 1816
(usada também de 1660-1813)

Históricas

Prinsenvlag
(1572-1660 / 1813-1816)

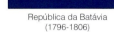

República da Batávia
(1796-1806)

A bandeira dos Países Baixos pode ser considerada a primeira "bandeira moderna". Conhecida por Prinsenvlag (bandeira do príncipe), foi introduzida em 1572 pelo príncipe Guilherme I de Orange durante a revolta contra o rei Filipe II da Espanha. Suas cores foram inspiradas no brasão de Guilherme I. Com o tempo, o laranja foi sendo substituído pelo vermelho, e o azul tornou-se mais escuro. Durante um breve período da chamada República da Batávia, o pavilhão nacional holandês apresentou em seu cantão superior a figura de uma mulher (representando a liberdade) ao lado do leão, tradicional símbolo da monarquia holandesa.

Territórios autônomos

Aruba
(América Central)

Curaçao
(América Central)

Sint Maarten (São Martinho)
(América Central)

Territórios especiais (Municípios)

Bonaire
(América Central)

Saba
(América Central)

Santo Eustáquio
(América Central)

(1959-1986)

(1986-2010)

Antilhas Holandesas (1959-2010)

Formada por seis ilhas (Aruba, Curaçao, Bonaire, Santo Eustáquio, Saba e Sint Maarten), as Antilhas Holandesas foram estabelecidas como país constituinte do Reino dos Países Baixos em 1954. Aruba separou-se em 1986, tornando-se uma entidade independente. As Antilhas Holandesas permaneceram com esse status até 10 de outubro de 2010, quando a união foi desfeita para formar dois novos países constituintes: Curaçao e Sint Maarten; as outras ilhas converteram-se em municipalidades holandesas especiais. A bandeira das Antilhas Holandesas usava as cores do Reino, e as estrelas representavam cada uma das ilhas.

HUNGRIA

República da Hungria

Capital: Budapeste
Proporções: 1:2
Adotada em: 1º de outubro de 1957
(usada também de 1867-1945)

Históricas

(1946-1949 / 1956-1957)

(1949-1956)

IRLANDA

República da Irlanda

Capital: Dublin
Proporções: 1:2
Adotada em: 29 de dezembro de 1937
[em uso desde 1919]

Históricas

Uso entre os irlandeses
(1650-1798)

Uso entre os britânicos
(1685-1801)

Uso entre os britânicos
(1801-1919)

ISLÂNDIA

República da Islândia

Capital: Reykjavík
Proporções: 18:25
Adotada em: 19 de junho de 1915

Histórica

(1897-1915)

ITÁLIA

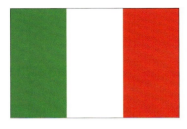

República Italiana

Capital: Roma
Proporções: 2:3
Adotada em: 18 de junho de 1946*

Históricas

República Cispadana
(1797)

República Cisalpina
(1798-1802)

República Italiana
(1802-1805)

Reino Itálico
(1805-1814)

Reino da Itália
(1861-1946)

LETÔNIA

República da Letônia

Capital: Riga
Proporções: 1:2
Adotada em: 27 de fevereiro de 1990
(usada também de 1918-1940)

Históricas

República Socialista Soviética
da Letônia (1940-1953)

República Socialista Soviética
da Letônia (1953-1990)

---

* A Itália foi unificada em 1861. As bandeiras anteriores foram usadas nos breves períodos de unificação dos reinos italianos sob domínio da França de Napoleão Bonaparte.

LIECHTENSTEIN

Principado de Liechtenstein

Capital: Vaduz
Proporções: 3:5
Adotada em: 24 de junho de 1937

Históricas

(1719-1852)

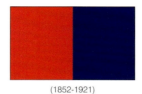
(1852-1921)

(1921-1937)

LITUÂNIA

República da Lituânia

Capital: Vilnius
Proporções: 3:5
Adotada em: 1º de setembro de 2004

Históricas

(1918-1940)

República Socialista Soviética
da Lituânia (1940-1953)

República Socialista Soviética
da Lituânia (1953-1989)

(1989-2004)

LUXEMBURGO

Grão-Ducado de Luxemburgo

Capital: Luxemburgo
Proporções: 3:5
Adotada em: 23 de junho de 1972
[em uso desde 1848]

MACEDÔNIA

República da Macedônia

Capital: Skopje
Proporções: 1:2
Adotada em: 5 de outubro de 1995

Históricas

República Socialista Iugoslava
da Macedônia (1946-1992)

(1992-1995)

MALTA

República de Malta

Capital: Valeta
Proporções: 2:3
Adotada em: 21 de setembro de 1964

Históricas

Ordem dos Cavaleiros
de Malta (1530-1798)

Ordem dos Cavaleiros
de Malta (1798-1814)

Bandeira mercantil
(1814-1850)

Colônia Britânica de Malta
(1870-1903)

Colônia Britânica de Malta
(1903-1944)

Colônia Britânica de Malta
(1944-1964)

Malta Britânica
(1903-1943)

Malta Britânica
(1947-1964)

De 1850 a 1870, a Colônia de Malta usou a bandeira nacional britânica. A partir de 1903, foi permitido ao governo de Malta hastear, junto à bandeira colonial, uma bandeira própria, que mais tarde se tornaria a nacional.

MOLDÁVIA

República da Moldávia (Moldova)

Capital: Chisinau
Proporções: 1:2
Adotada em: 27 de abril de 1990

Históricas

República Democrática da Moldávia (1917)

(1917-1918)

República Autônoma Socialista Soviética da Moldávia (1925-1938)

República Autônoma Socialista Soviética da Moldávia (1938-1941)

República Socialista Soviética da Moldávia (1941-1952)

República Socialista Soviética da Moldávia (1952-1990)

A Moldávia (então chamada de Reino da Bessarábia) fez parte da Romênia até 1917, quando experimentou uma breve independência após a Revolução Russa. De 1918 a 1925, fez parte do território da Ucrânia e, em 1941, tornou-se uma república soviética.

Territórios autônomos

Gagauzia

Transdnístria

A República Moldava da Transdnístria tem um governo autônomo que, apesar de independente, não é reconhecido por nenhum outro país. Já a Gagauzia é administrada diretamente pelo governo moldávio.

MÔNACO

Principado de Mônaco

Capital: Mônaco
Proporções: 4:5
Adotada em: 4 de abril de 1881

Histórica

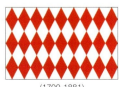
(1700-1881)

MONTENEGRO

República de Montenegro

Capital: Podgorica
Proporções: 1:2
Adotada em: 12 de julho de 2004

Históricas

Principado de Montenegro
(1876-1905)

(1905-1918)*

República Socialista Iugoslava
de Montenegro (1946-1991)*

Montenegro [Iugoslávia/Sérvia
e Montenegro] (1993-2004)

NORUEGA

Reino da Noruega

Capital: Oslo
Proporções: 8:11
Adotada em: 17 de julho de 1821

Histórica

Ver "Reino Unido da Suécia e Noruega
(1814-1905)" na página 75.

POLÔNIA

República da Polônia

Capital: Varsóvia
Proporções: 5:8
Adotada em: 1º de agosto de 1919

Estatal

---

* De 1918 a 1946 e de 1991 a 1993, Montenegro usou a bandeira da Iugoslávia.

PORTUGAL

República Portuguesa

Capital: Lisboa
Proporções: 2:3
Adotada em: 30 de junho de 1911

Históricas

(1095-1143)

(1143-1185)

(1185-1248)

(1248-1385)

(1385-1485)

(1485-1495)

(1495-1578)

(1578-1616)

(1616-1640)

(1640-1707)

(1707-1750)

(1750-1816)

(1816-1830)

(1830-1910)

Territórios autônomos

Açores (Europa)

Ilha da Madeira (África)

REINO UNIDO

Reino Unido da Grã-Bretanha e da Irlanda do Norte

Capital: Londres
Proporções: 1:2
Adotada em: 1º de janeiro de 1801

Em 1603, com a subida ao trono do rei Jaime V da Escócia (Jaime I da Inglaterra), as coroas inglesa e escocesa se uniram. O novo rei decidiu que era necessária uma nova bandeira para confirmar a união, ordenando que fossem combinados os estandartes de são Jorge (Inglaterra) e de santo André (Escócia), dando origem à primeira versão da Union Flag, em 1606. Quando a ilha da Irlanda foi anexada ao país, em 1801, foi decidido permutar as cores da bandeira irlandesa e escocesa de forma que os países da união estivessem todos representados na Union Flag (ou Union Jack). Entre 1606 e 1634 houve uma versão não oficial da bandeira do Reino Unido usada pelos escoceses, em que a cruz de santo André se sobrepunha à cruz de são Jorge, que era o modelo mais conhecido.

Históricas (Union Jack)

Union Jack (1605-1801)

Union Jack – versão não oficial usada na Escócia (1606-1634)

Dependências da coroa britânica

Ilha de Man

Alderney**

Herm**

Guernsey

Sark**

Jersey

---

* Atualmente a Irlanda do Norte usa a bandeira britânica como símbolo oficial.
** Ligadas administrativamente a Guernsey.

EUROPA

Bandeiras pessoais usadas na presença da rainha nos países da Comunidade Britânica

Estandarte pessoal da rainha Elizabeth II

Austrália

Barbados

Canadá

Jamaica

Nova Zelândia

Malta (1967-1974)

Maurício (1968-1992)

Serra Leoa (1961-1971)

Trinidad e Tobago (1965-1976)

A rainha Elisabeth II tem uma bandeira pessoal usada durante suas visitas aos países da Comunidade Britânica de Nações. Quando ela não ocupa o cargo de chefe de Estado, é usado o estandarte real, caso contrário, são adicionados também os elementos do brasão de cada país, em bandeiras específicas. Hoje, Austrália, Barbados, Canadá, Jamaica e Nova Zelândia fazem uso regular dessa bandeira. Malta, Maurício, Serra Leoa e Trinidad e Tobago não a usam mais.

Territórios ultramarinos

Anguila (América Central)

Bermudas (América do Norte)

Cayman (Ilhas) (América Central)

Falkland (Malvinas) (América do Sul)

Geórgia do Sul e Sandwich (Antártica)

Gilbratar (Europa)

Montserrat (América Central)

Pitcairn (Ilhas) (Oceania)

Santa Helena, Ascensão e Tristão da Cunha (oceano Atlântico)

Território Antártico Britânico (Antártica)

Virgens Britânicas (Ilhas) (América Central)

Território Britânico do Oceano Índico (Ásia)

Turcas e Caicos (Ilhas) (América Central)

EUROPA

REPÚBLICA TCHECA

República Tcheca
Capital: Praga
Proporções: 2:3
Adotada em: 30 de março de 1920

Históricas

Checoslováquia
(1918-1920)

Protetorado da Boêmia
e Morávia (1939-1945)*

ROMÊNIA

Romênia
Capital: Bucareste
Proporções: 2:3
Adotada em: 27 de dezembro de 1989
(usada também de 1866-1948)

Históricas

---

* Bandeira usada pela República Tcheca durante a invasão da Alemanha Nazista na Segunda Guerra Mundial.

RÚSSIA

Federação Russa

Capital: Moscou
Proporções: 2:3
Adotada em: 11 de dezembro de 1993
(usada também de 1697-1858 / 1883-1917)

Históricas

(1858-1883)

[Uso do czar] (1914-1917)

República Socialista Federativa
Soviética da Rússia (1918-1937)

República Socialista Federativa
Soviética da Rússia (1937-1954)

República Socialista Federativa
Soviética da Rússia (1954-1991)

(1991-1993)

Repúblicas da Rússia

Adiguésia

Altai

Bascortostão

Burácia

Cabárdia-Balcária

Cacássia

Calmúquia

Carachay-Circássia

Carélia

Chechênia

Chuváchia

Daguestão

Inguchétia

Komi

Mari El

Mordóvia

EUROPA

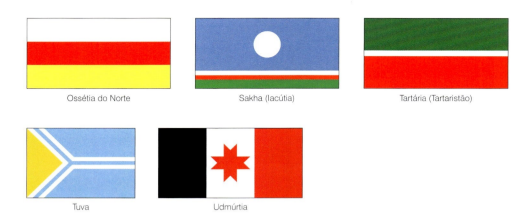

Ossétia do Norte — Sakha (Iacútia) — Tartária (Tartaristão)

Tuva — Udmúrtia

Bandeiras e brasões da ex-União Soviética e de suas repúblicas

União Soviética (1923-1991)

A União das Repúblicas Socialistas Soviéticas (URSS) foi fundada em 1922, e sua bandeira nacional foi adotada em 12 de novembro de 1923. A cor vermelha é tida como bela na cultura russa e representava a revolução socialista. O martelo (operários da indústria) e a foice (agricultores) cruzados simbolizavam a classe trabalhadora e a estrela, o poder do Partido Comunista. As bandeiras das demais repúblicas soviéticas seguiam esse modelo, tendo apenas uma sigla que as identificava abaixo da insígnia dourada. Entre 1949 e 1954 essas bandeiras foram modificadas: cada república recebeu um conjunto de faixas para facilitar a identificação. Havia também os brasões inspirados no modelo soviético que traziam, além dos símbolos tradicionais (foice e martelo), as características agrícolas, industriais e geográficas de cada república. Nas faixas vermelhas estava escrito nos idiomas oficiais a frase "Trabalhadores do mundo, uni-vos!". Entre 1940 e 1956, foi criada a República Socialista Soviética da Carélia, na fronteira com a Finlândia, que também teve símbolos próprios. Com o fim da União Soviética em 1991, essas bandeiras e brasões deixaram de existir.

RSS da Armênia — RSS do Azerbaijão

RSS da Bielorrússia — RSS do Cazaquistão

EUROPA

SAN MARINO

Sereníssima República de San Marino

Capital: San Marino
Proporções: 4:5
Adotada em: 6 de abril de 1862
(em uso desde 1797)

Históricas

(1465-1797)

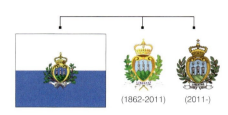
(1862-2011) (2011-)

SÉRVIA

República da Sérvia

Capital: Belgrado
Proporções: 2:3
Adotada em: 6 de junho de 2006*

Históricas

Iugoslávia

Iugoslávia (1918-1945 / 1992-2003)
e Sérvia e Montenegro (2003-2006)

Iugoslávia
(1945-1992)

Sérvia

Reino da Sérvia
(1835-1918)**

República Socialista Iugoslava
da Sérvia (1945-1991)

Sérvia (1991-2004)

República do Kosovo (2008)

Kosovo

A República do Kosovo declarou sua independência da Sérvia em 17 de fevereiro de 2008. Entretanto, apenas 91 países reconhecem a sua independência atualmente. O governo da Sérvia reivindica a região como parte de seu território, sob o nome de Província Autônoma de Kosovo e Metohija. A bandeira ostenta o mapa do país e as estrelas brancas representam os seis principais grupos étnicos.

---

* De 2004 a 2006, a Sérvia usou a bandeira nacional da Sérvia e Montenegro.
** Usada atualmente como bandeira civil.

SUÉCIA

Reino da Suécia
Capital: Estocolmo
Proporções: 5:8
Adotada em: 1569

Histórica

Ver "Reino Unido da Suécia e Noruega (1814-1905)" na página 75.

SUÍÇA

Confederação Suíça
Capital: Berna
Proporções: 1:1
Adotada em: 12 de dezembro de 1889

Cantões

Appenzell Exterior	Appenzell Interior	Argóvia	Basileia (Cidade)	Basileia (Campo)	Berna
Friburgo	Genebra	Glarus	Grisões	Jura	Lucerna
Neuchâtel	Nidwald	Obwald	São Galo	Schaffhausen	Schwyz
Soleura	Tessino	Turgóvia	Uri	Valais	Vaud
Zug	Zurique				

TURQUIA

República da Turquia

Capital: Ancara
Proporções: 2:3
Adotada em: 5 de junho de 1936
(em uso desde 1867)

Históricas

Império Otomano
(1793-1808 / 1826-1867)

Império Otomano
(1808-1826)

UCRÂNIA

Ucrânia

Capital: Kiev
Proporções: 2:3
Adotada em: 4 de setembro de 1991

Históricas

Ucrânia independente
(1918-1919)

Ucrânia bolchevique
(1919-1920)

República Socialista Soviética
da Ucrânia (1920-1937)

República Socialista Soviética
da Ucrânia (1937-1949)

República Socialista Soviética
da Ucrânia (1949-1991)

VATICANO

Estado da Cidade do Vaticano

Proporções: 1:1
Adotada em: 7 de junho de 1929

Históricas

Estados papais
(até 1808)

Estados papais
(1808-1870)*

---

* Com a dissolução dos Estados Papais de 1870 a 1929, o Vaticano fez parte da Itália.

TERRITÓRIOS EXTINTOS

(1920-1939)

Cidade Livre de Danzig (1920-1939)

Danzig foi uma cidade-estado livre estabelecida pelo Tratado de Versalhes em 1920 e esteve sob a proteção da Liga das Nações com privilégios econômicos para a Polônia. Sua bandeira baseava-se naquela usada pela cidade desde o ano de 1495: as duas cruzes relembram sua adesão à Ordem Teutônica, e a coroa o status de protetorado do antigo reino polonês. Danzig foi ocupada pelos nazistas em 1939 e, após o final da Segunda Guerra Mundial, integrou-se à Polônia sob o nome de Gdańsk.

Bandeira diplomática
(1844-1905)

Reino Unido da Suécia e Noruega (1814-1905)

Entre 1814 e 1905 os reinos da Suécia e da Noruega estiveram unidos sob uma única monarquia. Embora cada país usasse a própria bandeira nacional em seu território, a partir de 1844, foi adicionado ao cantão superior de cada uma delas um jaque da união, combinando as cores dos dois reinos para expressar os laços de união. Esse modelo também servia como bandeira nas representações diplomáticas.

Bandeira norueguesa
(1844-1905)

Bandeira sueca
(1844-1905)

(1918)

(1922-1936)

Transcaucásia

Com o colapso do Império Russo em 1917, Armênia, Azerbaijão e Geórgia declararam sua independência no ano seguinte, formando uma breve nação – a Federação da Transcaucásia, com uma bandeira própria. Logo a federação foi desfeita e cada um desses países declarou novamente sua independência. Em 1922, a União Soviética invadiu a região, reagrupando esses países na chamada República Socialista Federativa Soviética Transcaucasiana, que, devido às diferenças de seus membros, foi dissolvida em 1936. Armênia, Azerbaijão e Geórgia tornaram-se Repúblicas Socialistas Soviéticas a partir de então.

ÁSIA

As bandeiras asiáticas apresentam um misto de tradição e modernidade. É no sul do continente, por exemplo, que encontramos a única bandeira nacional triangular ainda em uso: a do Nepal; além da exótica bandeira do Butão e do antigo estandarte do Reino do Sikkim, na Índia. Entre as nações do Oriente Médio, prevalecem nas bandeiras nacionais as cores pan-árabes (vermelho, preto, branco e verde).

As versões históricas do estandarte azul colonial britânico (*blue ensign*) tremularam em muitas das antigas possessões coloniais no atual Sudeste Asiático. Na Ásia Central, as ex-repúblicas soviéticas ainda possuem, em sua história recente, as versões locais do antigo estandarte vermelho; e o Afeganistão é o país que trocou mais vezes de bandeira nacional. Também são apresentadas neste capítulo as exóticas bandeiras das províncias do Japão. Cabe ressaltar que as bandeiras da parte asiática da Rússia, da Turquia e das nações do Cáucaso foram incluídas no capítulo "Europa".

AFEGANISTÃO

República Islâmica do Afeganistão

Capital: Cabul
Proporções: 2:3
Adotada em: 4 de janeiro de 2004

Históricas

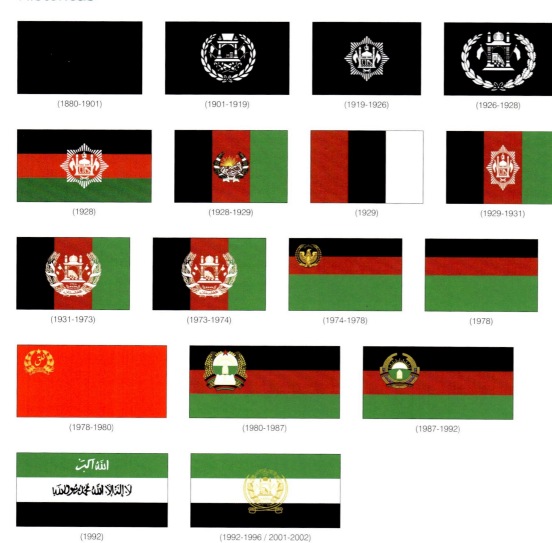

Bandeira Taliban (1996-2001)

(2002-2004)

ARÁBIA SAUDITA

Reino da Arábia Saudita

Capital: Riad
Proporções: 2:3
Adotada em: 15 de março de 1973
(em uso desde 1932)*

Históricas

Hijaz (1917-1920)

Hijaz (1920-1926)

Hijaz (1926-1932)

Nejad (1902-1921)

Nejad (1921-1926)

Nejad (1926-1932)

BANGLADESH

República Popular de Bangladesh

Capital: Daca
Proporções: 3:5
Adotada em: 13 de janeiro de 1972

Histórica

(1971-1972)

---

* A Arábia Saudita surgiu em 1932 com a unificação dos reinos de Hijaz e Nejad.

BAREIN

Reino do Barein

Capital: Manama
Proporções: 3:5
Adotada em: 14 de fevereiro de 2002

Históricas

(1932-1972)

(1972-2002)

Bandeira das "nações amigas" do Golfo Pérsico

O artigo terceiro do Tratado Geral Marítimo, assinado em 1820 entre os britânicos e as nações do Golfo Pérsico (Emirados Árabes Unidos, Catar e Barein) para estabelecer a paz na região, determinava que "todos os 'amigos' árabes deveriam carregar uma bandeira vermelha, em terra ou em mar, com ou sem inscrições, tendo uma faixa branca em sua lateral". Muitas das bandeiras nacionais dos reinos dos Emirados Árabes Unidos, assim como a do Catar e do Barein, se inspiraram nesse modelo, passando apenas por algumas modificações.

BRUNEI

Estado de Brunei Darussalam

Capital: Bandar Seri Begawan
Proporções: 1:2
Adotada em: 29 de setembro de 1959

Históricas

Final do século XIX

(1906-1959)

ÁSIA

BUTÃO

Reino do Butão

Capital: Timfu
Proporções: 2:3
Adotada em: 17 de dezembro de 1968

Históricas

(1949-1956)

(1956-1968)

CAMBOJA

Reino do Camboja

Capital: Phnon Penh
Proporções: 2:3
Adotada em: 30 de junho de 1993
(usada também de 1948-1970)

Históricas

(1863-1887 / 1945-1948)*

Sob ocupação japonesa (1945)

(1970-1975)

(1975-1979)

(1979-1989)

(1989-1993)

(1989-1993) [variante]

Sob tutela da ONU (1992-1993)

* De 1887 a 1945, a colônia do Camboja usou a bandeira tricolor da França.

CATAR

Estado do Catar

Capital: Doha
Proporções: 11:28
Adotada em: 9 de julho de 1971
(em uso desde 1948)

Históricas

(1860-1936)

(1936-1948)

CAZAQUISTÃO

República do Cazaquistão

Capital: Astana
Proporções: 1:2
Adotada em: 4 de junho de 1992

Históricas

República Socialista Soviética do Cazaquistão (1937-1940)

RSS do Cazaquistão (1940-1953)

RSS do Cazaquistão
(1953-1992)

CHINA

República Popular da China

Capital: Beijing (Pequim)
Proporções: 2:3
Adotada em: 1º de outubro de 1949

Históricas

Dinastia Qi (1862-1890)

Dinastia Qi (1890-1912)

(1912-1928)

(1928-1959)

Regiões históricas

Estado da Manchúria (1932-1945)

Província do Tibete (1912-)

Territórios administrativos especiais

Macau

Hong Kong

Bandeiras das possessões britânicas na China

Hong Kong (1866-1876)

Hong Kong (1876-1959)

Hong Kong (1959-1997)

Weihaiwei (1898-1930)

Após a primeira Guerra do Ópio (1839-1842), o porto de Hong Kong se tornou uma colônia britânica. A primeira versão da bandeira colonial (1866) estampava em seu emblema as iniciais "H.K."; a partir de 1876, foi adicionada à bandeira uma tradicional paisagem portuária com a figura de alguns comerciantes negociando fardos de chá. Em 1959, a colônia ganhou um brasão, que foi usado até a devolução do território à China, em 1997.

Assim como Hong Kong, o porto de Weihaiwei, na província de Shandong, passou a ser administrado como colônia pelos britânicos em 1898. Porém, a zona portuária não alcançou o desenvolvimento esperado e acabou sendo devolvida à China em 1º de outubro de 1930.

CINGAPURA

República de Cingapura

Capital: Cidade de Cingapura
Proporções: 2:3
Adotada em: 3 de dezembro de 1959

Histórica

Colônia Britânica de Cingapura
(1948-1959)

COREIA DO NORTE

República Democrática Popular da Coreia

Capital: Pyongyang
Proporções: 1:2
Adotada em: 8 de setembro de 1948

COREIA DO SUL

República da Coreia

Capital: Seul
Proporções: 2:3
Adotada em: 12 de julho de 1948*

Histórica

(1882-1910)

Bandeira da unificação coreana

Em 1948, após o fim da Segunda Guerra Mundial, a península da Coreia foi dividida em dois países: a República Democrática Popular da Coreia (Coreia do Norte) e a República da Coreia (Coreia do Sul). Dois anos mais tarde, o Norte invadiu o Sul, dando início à Guerra da Coreia, que terminou com o cessar-fogo em 1953. Ambos os países não reconhecem a soberania um do outro e até hoje se mantêm em estado de atenção. Resultado dos esforços de aproximação, a bandeira da unificação coreana nasceu em 1991, quando o Norte e o Sul competiram juntos no 41º Campeonato Mundial de Tênis de Mesa, realizado em Chiba, no Japão. Esta bandeira também figurou nas aberturas dos Jogos Olímpicos de Sydney (2000), Atenas (2004), nos Jogos de Inverno de Turim (2006) e nos Jogos Asiáticos em Doha (2006), quando as Coreias participaram do desfile de abertura como uma única equipe, embora competissem separadamente.

---

* De 1910 a 1948, a Coreia foi ocupada pelo Japão.

EMIRADOS ÁRABES UNIDOS

Emirados Árabes Unidos

Capital: Abu Dhabi
Proporções: 1:2
Adotada em: 2 de dezembro de 1971

Histórica

Federação dos Emirados
Árabes (1968-1971)

Dos Emirados

Abu Dhabi

Ajman e Dubai

Fujairah

Umm al Quain

Ras al-Khaimah e Sharjah

Os Emirados Árabes Unidos, como o próprio nome já diz, são uma federação do Oriente Médio constituída por sete emirados: a capital (Abu Dhabi), Dubai, Sharjah, Ras al-Khaimah, Fujairah, Umm al Quain e Ajman. Tanto os emirados de Dubai e Ajman, quanto os de Ras al-Khaimah e Sharjah, usam o mesmo modelo de bandeira.

FILIPINAS

República das Filipinas

Capital: Manila
Proporções: 1:2
Adoção: 25 de fevereiro de 1986
(usada também de 1919-1942 e de 1945-1981)

Históricas

(1898-1901 / 1943-1944)

(1981-1986)

De 1901 a 1919, as Filipinas usaram a bandeira dos Estados Unidos, que ocupou e administrou o país. De 1942 a 1945, o país foi ocupado pelo Japão, que permitiu que a bandeira nacional filipina fosse usada apenas de 1943 a 1944.

ÁSIA

IÊMEN

República do Iêmen

Capital: Sana
Proporções: 2:3
Adotada em: 22 de maio de 1990

Históricas

Iêmen do Norte –
Reino do Iêmen (1918-1962)

Iêmen do Norte –
República do Iêmen (1962-1990)

Iêmen do Sul –
Federação da Arábia do Sul
(1962-1967)

Iêmen do Sul –
República Popular Democrática
do Iêmen (1967-1990)

O Iêmen do Norte foi parte do antigo Império Otomano, alcançando autonomia a partir de 1918. O Iêmen do Sul foi uma colônia britânica até 1962, quando alcançou a independência. Em 1990, o país foi unificado.

Colônia Britânica de Aden (1937-1962)

Em 1839, os britânicos (com o objetivo de evitar ataques de piratas) ocuparam o porto e os arredores da cidade de Aden, então parte do Império Otomano, transformando-a em um protetorado ligado ao governo da Índia Britânica. A colônia ganhou uma bandeira própria somente em 1937, que apresentava em seu emblema a figura de um *dhow*, embarcação típica da região. Em 1962, a colônia foi convertida em um estado que passou a fazer parte da Federação da Arábia do Sul.

ÍNDIA

República da Índia

Capital: Nova Délhi
Proporções: 2:3
Adotada em: 22 de julho de 1947

Histórica

Governo da Índia Britânica (1858-1947)

Reino do Sikkim
(1877-1962)

Reino do Sikkim
(1962-1975)

Desde o período medieval, o reino do Sikkim sobreviveu na fronteira entre a China e a Índia. Em 1890, o território se tornou um protetorado britânico, e em 1947 foi concedida a sua independência. Três anos depois, o reino passou a ter a proteção da Índia. A influência indiana foi crescendo até que em 1975 a monarquia foi abolida e o Sikkim tornou-se um estado indiano. Sua primeira bandeira apresentava uma série de desenhos complexos e muito coloridos, contendo ao centro uma mandala (*chakra*), que é a representação do universo. A bandeira adotada em 1962, e que se manteve em uso até a união com a Índia, teve seu desenho simplificado, com o branco representando pureza e cidadãos comuns, e a borda vermelha simbolizando o budismo.

INDONÉSIA

República da Indonésia

Capital: Jacarta
Proporções: 2:3
Adotada em: 17 de agosto de 1945

IRÃ

República Islâmica do Irã

Capital: Teerã
Proporções: 4:7
Adotada em: 29 de julho de 1980

Históricas

Pérsia (início do
século XIX)

Pérsia (final do
século XIX)

Reino da Pérsia
(1907-1933)

Reino do Irã
(1933-1964)

Reino do Irã
(1964-1979)

IRAQUE

República do Iraque

Capital: Bagdá
Proporções: 2:3
Adotada em: 22 de janeiro de 2008

Históricas

Bandeira Pan-Árabe (1921-1924)

(1924-1959)

(1959-1963)

(1963-1991)

(1991-2004)

(2004-2008)

Assírios

Curdos

Bandeiras étnicas usadas no Iraque

Os assírios viveram por séculos na região da Mesopotâmia, no atual noroeste do Iraque. Assim como outros povos, os assírios tiveram a sua diáspora e o movimento da Aliança Universal Assíria propôs, em 1971, uma bandeira para representar seu povo, usando símbolos da antiga cidade de Assur, capital do Império Assírio. Outra bandeira usada é a dos curdos, grupo étnico que vive na região do antigo Curdistão, que hoje inclui áreas do Irã, do Iraque, da Síria e da Turquia. No Iraque, essa região chamada de Curdistão Iraquiano tornou-se uma entidade federal em 2005, e ostenta a bandeira oficial do povo curdo.

ISRAEL

Estado de Israel

Capital: Jerusalém [Tel Aviv]
Proporções: 8:11
Adotada em: 28 de outubro de 1948

JAPÃO

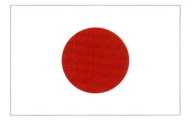

Japão
Capital: Tóquio
Proporções: 2:3
Adotada em: 13 de agosto de 1999
(em uso desde o século XVII)

Províncias do Japão

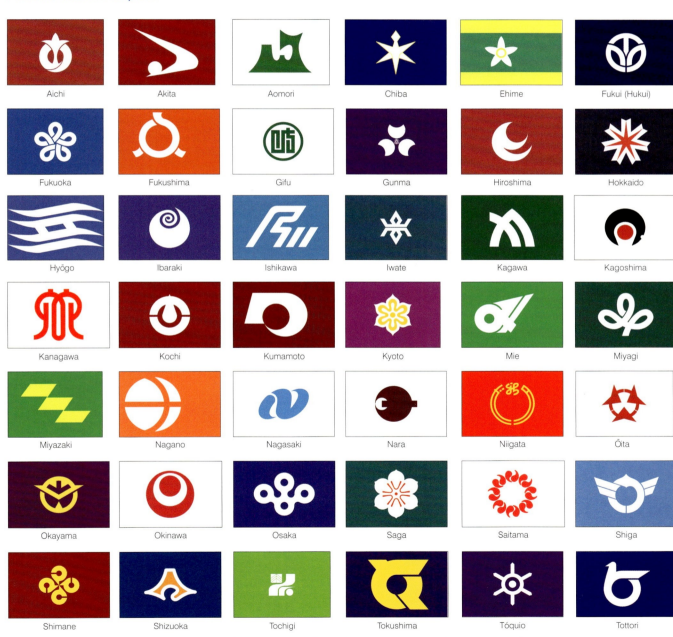

JORDÂNIA

Reino Hachemita da Jordânia

Capital: Amã
Proporções: 1:2
Adotada em: 16 de abril de 1928

KUWAIT

Estado do Kuwait

Capital: Cidade do Kuwait
Proporções: 1:2
Adotada em: 7 de setembro de 1961

LAOS

República Democrática Popular do Laos

Capital: Vientiane
Proporções: 2:3
Adotada em: 2 de dezembro de 1975

Históricas

Protetorado Francês do Laos (1893-1947)

Reino do Laos (1947-1975)

LÍBANO

República do Líbano

Capital: Beirute
Proporções: 2:3
Adotada em: 7 de dezembro de 1943*

Históricas

Distrito do Líbano (1861-1915)

Líbano Francês (1920-1943)

---

* De 1915 a 1920 o Líbano foi administrado pela França, usando a tricolor francesa.

MALÁSIA

Federação da Malásia

Capital: Kuala Lumpur
Proporções: 1:2
Adotada em: 16 de setembro de 1963

Históricas

Estados Federados Malaios
(1946-1950)

(1950-1963)

Colônias britânicas na península malaia

Em 1824, os britânicos fundaram a Colônia dos Assentamentos do Estreito, que incluía a cidade de Cingapura e alguns reinos malaios. A partir de 1907, incorporou-se à colônia a ilha de Labuan. Havia também o Reino de Sarawah e a ilha de Bornéo Setentrional, que eram protetorados britânicos. Entre 1946 e 1950 formaram-se os Estados Federados Malaios, cujo restante dos protetorados se uniram em 1963 na chamada Federação da Malásia. Em 1965, a cidade de Cingapura declarou sua independência.

MALDIVAS

República das Maldivas

Capital: Malé
Proporções: 2:3
Adotada em: 26 de julho de 1965

Históricas

Até 1926

(1926-1932)

(1932-1953)

(1953-1965)

MIANMAR

União da República de Mianmar

Capital: Naypidaw
Proporções: 5:9
Adotada em: 21 de outubro de 2010*

Históricas

Birmânia Britânica
(1939-1942 / 1945-1948)

Estado da Birmânia
(1943-1945)

(1948-1974)

(1974-2010)

---

* De 1942 a 1943, o Mianmar foi ocupado pelo Japão.

MONGÓLIA

Mongólia

Capital: Ulan Bator
Proporções: 1:2
Adotada em: 12 de fevereiro de 1992

Históricas

(1911-1921)

(1921-1924)

(1924-1949)

(1949-1992)

NEPAL

República Democrática Federal do Nepal

Capital: Katmandu
Proporções: 4:3
Adotada em: 16 de dezembro de 1962

Históricas

Até 1928

(1928-1962)

OMÃ

Sultanato de Omã

Capital: Mascate
Proporções: 1:2
Adotada em: 18 de novembro de 1995

Históricas

Sultanato de Mascate
(1871-1970)

(1970-1995)

ÁSIA

PALESTINA

Autoridade Nacional Palestina

Capital: Jerusalém [Ramallah]
Proporções: 1:2
Adotada em: 18 de outubro de 1948

Históricas

Mandato Britânico da Palestina
(1927-1948) [versão azul]

Mandato Britânico da Palestina
(1927-1948) [versão vermelha]

PAQUISTÃO

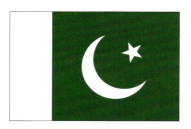

República Islâmica do Paquistão

Capital: Islamabad
Proporções: 2:3
Adotada em: 14 de agosto de 1947

QUIRGUISTÃO

República Quirguiz

Capital: Bishkek
Proporções: 3:5
Adotada em: 3 de março de 1992

Históricas

República Socialista Soviética
do Quirguistão (1937-1952)

República Socialista Soviética
do Quirguistão (1952-1992)

SÍRIA

República Árabe da Síria

Capital: Damasco
Proporções: 2:3
Adotada em: 30 de março de 1980
(usada também de 1958-1961)*

Históricas

Reino da Síria (1920)

Mandato da Síria (1920-1922)**

Federação da Síria (1922-1932)**

(1932-1958 / 1961-1963)

(1963-1971)

Federação das Repúblicas Árabes (1972-1980)***

SRI LANKA

República Democrática Socialista do Sri Lanka

Capital: Colombo
Proporções: 1:2
Adotada em: 17 de dezembro de 1978

Históricas

Colônia Britânica do Ceilão (1890-1948)

(1948-1951)

(1951-1978)

---

* Usada como bandeira da República Árabe Unida, formada por Egito e Síria.
** Sob administração da França.
*** Federação que incluía, além da Síria, o Egito e a Líbia.

ÁSIA

TADJIQUISTÃO

República do Tadjiquistão

Capital: Duchambe
Proporções: 1:2
Adotada em: 24 de novembro de 1992

Históricas

República Autônoma Socialista
Soviética do Tadjiquistão (1929-1931)

República Socialista Soviética do
Tadjiquistão (1931-1953)

República Socialista Soviética do
Tajiquistão (1953-1992)

TAILÂNDIA

Reino da Tailândia

Capital: Bangkok
Proporções: 2:3
Adotada em: 28 de setembro de 1917

Históricas

Sião (1700-1782)

Sião (1782-1817)

Sião (1817-1855)

Sião (1855-1916)

Sião (1916-1917)
[versão estatal]

Sião (1916-1917)
[versão civil]

TAIWAN

República da China (Formosa)
Capital: Taipé
Proporções: 2:3
Adotada em: 28 de outubro de 1928

Históricas

República de Formosa (1885)

República de Formosa (1885) [variante]

Em 1885, Taiwan se tornou uma colônia japonesa. Com o fim da Segunda Guerra Mundial, a ilha fez parte do território da China, usando a bandeira chinesa de 1928 a 1949, quando proclamou sua independência da República Popular da China.

Bandeira olímpica e paraolímpica

Taiwan usa como símbolo nacional nos Jogos Olímpicos e competições internacionais a bandeira do Comitê Olímpico do Taipei Chinês (nome usado por Taiwan em competições internacionais), desde 1980. Os atuais símbolos de Taiwan eram usados na República Popular da China pelo partido Kuomintang antes da chegada ao poder do Partido Comunista Chinês, em 1949. Para conseguir competir e evitar a tensão geopolítica com o Gigante Vermelho, Taiwan usa uma bandeira branca com a flor estilizada da ameixeira-ume (*Prunnus mume*), o emblema do sol branco e os anéis olímpicos. Na bandeira paraolímpica, os anéis são substituídos pelo símbolo do movimento paraolímpico.

TIMOR-LESTE

República Democrática de Timor-Leste
Capital: Díli
Proporções: 1:2
Adotada em: 20 de maio de 2002*

Histórica

(1975-1976)

---

* Em 1976, a Indonésia ocupou o Timor-Leste, que reconquistou sua independência apenas em 2002.

TURCOMENISTÃO

República do Turcomenistão

Capital: Ashkhabad
Proporções: 2:3
Adotada em: 24 de janeiro de 2001

Históricas

República Socialista Soviética do Turcomenistão (1927-1937)

República Socialista Soviética do Turcomenistão (1937-1940)

República Socialista Soviética do Turcomenistão (1940-1953)

República Socialista Soviética do Turcomenistão (1953-1992)

(1992-1997)

(1997-2001)

UZBEQUISTÃO

República do Uzbequistão

Capital: Tashkent
Proporções: 1:2
Adotada em: 18 de novembro de 1991

Históricas

República Socialista Soviética do Uzbequistão (1927-1937)

República Socialista Soviética do Uzbequistão (1937-1941)

República Socialista Soviética do Uzbequistão (1941-1952)

República Socialista Soviética do Uzbequistão (1952-1991)

VIETNÃ

República Socialista do Vietnã

Capital: Hanói
Proporções: 2:3
Adotada em: 30 de novembro de 1955*

Históricas

Vietnã do Norte (1945-1955)

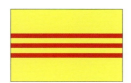
Vietnã do Sul (1948-1975)

Cochinchina (1825-1883)

Bandeiras da Indochina Francesa

A Indochina Francesa era formada pelas regiões vietnamitas de Tonkin, Annam e Cochinchina, além de partes do Laos e do Camboja, no Sudeste Asiático. Sua bandeira oficial foi introduzida no período de 1923 a 1945, com a tricolor francesa ocupando o cantão superior. A cor amarela era tradicional na região e já aparecia na bandeira marítima da Cochinchina (região situada no delta do rio Mekong, no sul do Vietnã), quando foi registrada nas cartas náuticas pela primeira vez em 1825; porém, já no ano de 1883, ela havia caído em desuso.

Indochina (1923-1945)

---

* De 1945 a 1955, a bandeira utilizada era a mesma do Vietnã do Norte, cujo nome oficial era República Democrática do Vietnã.

AMÉRICA DO NORTE

As bandeiras do continente americano estão distribuídas em três capítulos: "América do Norte", "América Central e Caribe" e "América do Sul". A seguir, são apresentadas as bandeiras dos países da América do Norte, e entre elas estão as históricas do Canadá, que exibiam o tradicional estandarte vermelho (*red ensign*) com o jaque britânico em seu cantão, além das bandeiras dos territórios e províncias canadenses.

Os Estados Unidos merecem destaque devido à evolução histórica de sua bandeira – sendo o país que alterou mais vezes seu pavilhão nacional conforme eram admitidos novos estados como membros da União. As bandeiras usadas pelos Estados Confederados durante a guerra civil e as dos estados e territórios norte-americanos também são apresentadas. Na bandeira do México destaca-se a figura da águia, que apareceu pela primeira vez em 1821 e que desde então, com exceção de um curto período durante o século XIX, teve apenas mudanças estilísticas.

AMÉRICA DO NORTE

CANADÁ

Canadá
Capital: Ottawa
Proporções: 1:2
Adotada em: 15 de fevereiro de 1965*

Históricas

Pavilhão azul (1870-1924)

Pavilhão vermelho (1892-1924)

(1924-1957)

(1957-1965)

Províncias e territórios

Alberta

Colúmbia Britânica

Ilha Príncipe Eduardo

Manitoba

Nova Brunswick

Nova Escócia

Nunavut

Ontário

Quebec

Saskatchewan

Terra Nova e Labrador

Territórios do Noroeste

Yukon

---

* A primeira versão da bandeira canadense era o pavilhão azul. Com o tempo, passou gradualmente a ser usado o pavilhão vermelho, regulamentado oficialmente em 1924.

ESTADOS UNIDOS

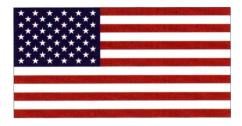

Estados Unidos da América

Capital: Washington
Proporções: 10:19
Adotada em: 4 de julho de 1960

Históricas

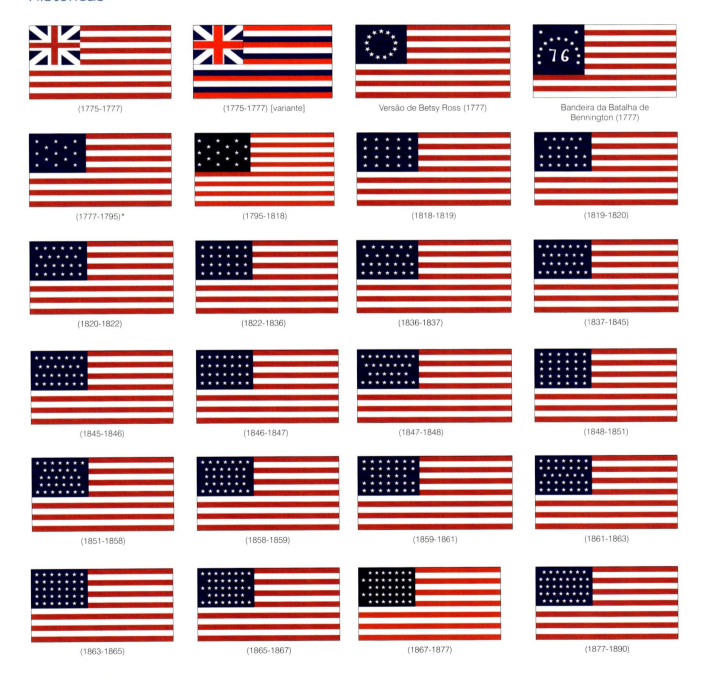

(1775-1777) (1775-1777) [variante] Versão de Betsy Ross (1777) Bandeira da Batalha de Bennington (1777)

(1777-1795)* (1795-1818) (1818-1819) (1819-1820)

(1820-1822) (1822-1836) (1836-1837) (1837-1845)

(1845-1846) (1846-1847) (1847-1848) (1848-1851)

(1851-1858) (1858-1859) (1859-1861) (1861-1863)

(1863-1865) (1865-1867) (1867-1877) (1877-1890)

---

* A bandeira foi oficialmente adotada em 14 de junho de 1777. Apesar de não oficiais, as versões de Betsy Ross e da Batalha de Bennington são as mais conhecidas antes da adoção oficial.

AMÉRICA DO NORTE

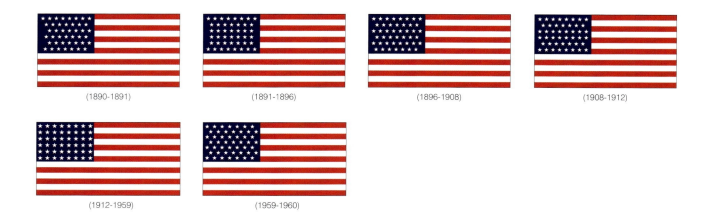

Bandeiras dos Estados Confederados (1861-1865)

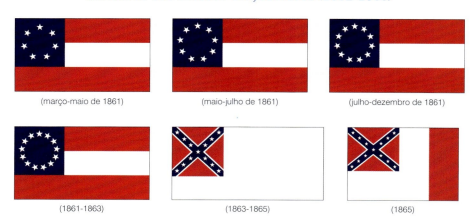

A Guerra de Secessão ou Guerra Civil Americana, ocorrida entre 1861 e 1865, foi um conflito entre os Estados Confederados do Sul e os Estados da União, do norte do país, com o objetivo de criar os Estados Confederados da América. À medida que novos membros aderiam à confederação, sua bandeira também agregava as estrelas representativas desses estados (eram sete os estados originais em fevereiro de 1861, passando para 13 até o final daquele ano).

Estaduais

AMÉRICA DO NORTE

AMÉRICA DO NORTE

Territórios ultramarinos

Guam
(Oceania)

Ilhas Marianas do Norte
(Oceania)

Ilhas Virgens Americanas
(América Central)

Porto Rico
(América Central)

Samoa Americana
(Oceania)

Ilha de Navassa

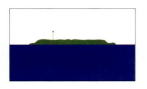

Navassa é uma pequena ilha de 5,2 quilômetros quadrados, situada entre Cuba, Jamaica e Haiti. Reivindicada pelo governo haitiano e pelos Estados Unidos, fica próxima à base norte-americana de Guantánamo (Cuba), tendo adquirido importância em meados do século XIX devido à extração de fosfato, que logo se exauriu. Com a abertura do canal do Panamá, um farol foi construído na ilha em 1917 e automatizado em 1929. Embora desabitada desde então, uma bandeira foi criada para Navassa em 2001, feita pelo norte-americano Harry Wheeler e traz o perfil da ilha vista do oceano com seu tradicional farol.

Territórios incorporados

Atol de Johnston (Oceania)

Atol de Palmyra (Oceania)

Ilhas Midway (Oceania)

Ilha Wake (Oceania)

MÉXICO

Estados Unidos Mexicanos

Capital: Cidade do México
Proporções: 4:7
Adotada em: 17 de agosto de 1968

Históricas

Bandeira das Três Garantias
(1821)

Bandeira de Agostin Iturbide
(1821)

Primeiro Império
(1821-1823)

(1823-1864 / 1867-1880)

Segundo Império (1864-1867)

(1880-1916)

(1916-1934)

(1934-1968)

AMÉRICA CENTRAL E CARIBE

Na porção continental centro-americana, a herança deixada pelo pavilhão azul e branco da antiga República Federal da América Central influenciou as bandeiras da Guatemala, El Salvador, Honduras, Nicarágua e Costa Rica.

Belize foi uma colônia britânica e o Panamá era parte da Colômbia. Nas ilhas do Caribe, aparecem as Grandes Antilhas, como Cuba, Haiti e República Dominicana, que usam em suas bandeiras as chamadas "cores libertárias" (azul, branco e vermelho), enquanto a bandeira da Jamaica apresenta as cores pan-africanas (preto, amarelo e verde). Muitas das Pequenas Antilhas, colonizadas pelos britânicos, ostentam o tradicional estandarte colonial azul (*blue ensign*) em suas versões históricas.

AMÉRICA CENTRAL

ANTÍGUA E BARBUDA

Antígua e Barbuda

Capital: Saint John's
Proporções: 2:3
Adotada em: 27 de fevereiro de 1967

Histórica

Colônia Britânica de Antígua
(1957-1967)

BAHAMAS

Comunidade das Bahamas

Capital: Nassau
Proporções: 1:2
Adotada em: 17 de julho de 1973

Históricas

(1870-1964) (1964-1973)

BARBADOS

Barbados

Capital: Bridgetown
Proporções: 2:3
Adotada em: 30 de novembro de 1966

Históricas

Colônia Britânica de Barbados   (1880-1958) (1958-1966)

BELIZE

Belize

Capital: Belmopan
Proporções: 2:3
Adotada em: 21 de setembro de 1981

Históricas

Honduras Britânica [bandeira colonial] (1880-1981)

Honduras Britânica (1950-1981)*

COSTA RICA

República da Costa Rica

Capital: San José
Proporções: 3:5
Adotada em: 27 de novembro de 1906

Estatal

Históricas

(1821-1823)

(1823-1824)

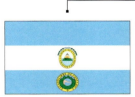

Estado da Costa Rica (1824)

Estado da Costa Rica (1824-1840)

Estado da Costa Rica (1840-1842)

(1842-1848)

(1848-1906)

---

* Versão semioficial usada junto à bandeira colonial até a independência do país, em 1981.

AMÉRICA CENTRAL

CUBA

República de Cuba

Capital: Havana
Proporções: 1:2
Adotada em: 20 de maio de 1902

DOMINICA

Comunidade da Dominica

Capital: Roseau
Proporções: 1:2
Adotada em: 3 de novembro de 1990

Históricas

Colônia Britânica de Dominica
(1955-1965)

Estado Associado de Dominica
(1965-1978)

(1978-1981)　(1981-1988)　(1988-1990)

EL SALVADOR

República de El Salvador

Capital: San Salvador
Proporções: 3:5
Adotada em: 17 de maio de 1912

Históricas

(1838-1865)

(1865-1873)

(1873-1875)

(1875-1912)

GRANADA

Granada

Capital: Saint George's
Proporções: 3:5
Adotada em: 7 de fevereiro de 1974

Históricas

Colônia Britânica de
Granada (1875-1903)

Colônia Britânica de
Granada (1903-1967)

(1967-1974)

GUATEMALA

República da Guatemala

Capital: Cidade da Guatemala
Proporções: 5:8
Adotada em: 15 de setembro de 1968

Históricas

Estado da Guatemala
(1825-1839)

(1839-1843)

(1843-1851)

(1851-1858)

(1858-1871)

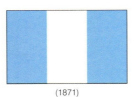

(1871)

(1871-1900)

(1900-1968)

HAITI

República do Haiti

Capital: Porto Príncipe
Proporções: 2:3
Adotada em: 25 de fevereiro de 1986
(usada também de 1806-1811 e de 1821-1964)

Estatais

Versão com armas
(1821-1964 / 1986-)

Versão com armas
(1964-1986)

Históricas

(1803-1805 / 1811-1821)

(1805-1806 / 1964-1986)

HONDURAS

República de Honduras

Capital: Tegucigalpa
Proporções: 1:2
Adotada em: 16 de fevereiro de 1866

Histórica

(1838-1866)

JAMAICA

Jamaica
Capital: Kingston
Proporções: 1:2
Adotada em: 6 de agosto de 1962

Históricas

Colônia Britânica da Jamaica (1870-1906)

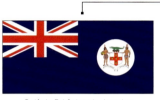
Colônia Britânica da Jamaica

(1906-1957)   (1957-1962)

NICARÁGUA

República da Nicarágua
Capital: Manágua
Proporções: 3:5
Adotada em: 4 de setembro de 1908
(em uso desde 1857)

Histórica

(1854-1857)

(1825-1881)

(1881-1895)

Costa dos Mosquitos (1825-1895)

A Costa dos Mosquitos ou Mosquitia era uma estreita faixa costeira que compreendia o litoral caribenho da Nicarágua e parte de Honduras. Seu nome provavelmente deriva dos índios misquitos, que tinham boa relação com os britânicos. Como um reino semi-independente, Mosquitia adotou sua bandeira em 1825, baseada naquelas usadas pelos protetorados britânicos, com uma breve modificação a partir de 1881. Em 1895, a Nicarágua, com apoio dos Estados Unidos, lançou uma intervenção militar na região, anexando-a a seu território sob o status de "departamento de Zelaya".

PANAMÁ

República do Panamá

Capital: Cidade do Panamá
Proporções: 2:3
Adotada em: 4 de junho de 1904

REPÚBLICA DOMINICANA

República Dominicana

Capital: Santo Domingo
Proporções: 5:8
Adotada em: 6 de novembro de 1844

Históricas

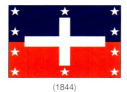
(1844)

(1844) [variante]

SANTA LÚCIA

Santa Lúcia

Capital: Castries
Proporções: 1:2
Adotada em: 22 de fevereiro de 1979*

Históricas

Colônia Britânica de Santa Lúcia (1880-1938)

Colônia Britânica de Santa Lúcia (1939-1967)

Santa Lúcia (1967-1979)

(1979-2002)

---

* Tom de azul modificado em 22 de fevereiro de 2002.

AMÉRICA CENTRAL

SÃO CRISTÓVÃO E NÉVIS

Federação de São Cristóvão e Névis

Capital: Basseterre
Proporções: 2:3
Adotada em: 19 de novembro de 1983

Históricas

São Cristóvão, Névis e Anguila
[Federação das Índias Orientais]
(1958-1967)

Estado associado de São Cristóvão,
Névis e Anguila (1967)

Estado associado de São Cristóvão,
Névis e Anguila (1967-1983)

Ilhas

São Cristóvão

Névis

São Cristóvão, Névis e Anguila foram ilhas administradas como territórios ultramarinos pelo governo britânico. Em 1958, as ilhas se tornaram parte da Federação das Índias Orientais (que durou até 1962) e ganharam uma bandeira colonial própria. Em 1967, foi concedida a autonomia interna para o território de São Cristóvão, Névis e Anguila na qualidade de estado associado, e as ilhas adotaram uma nova bandeira, que logo ganhou a figura de uma palmeira negra no centro. Em 1980, houve a separação formal da ilha de Anguila (que voltou a ser território ultramarino britânico) e, em 1983, São Cristóvão e Névis se tornaram independentes, adotando uma nova bandeira. Enquanto a ilha de São Cristóvão usa a versão nacional, a ilha de Névis possui uma bandeira própria, que traz a versão nacional no cantão superior.

AMÉRICA CENTRAL

SÃO VICENTE E GRANADINAS

São Vicente e Granadinas

Capital: Kingstown
Proporções: 2:3
Adotada em: 22 de outubro de 1985

Históricas

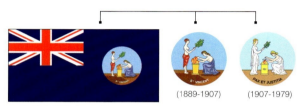

Colônia Britânica de São Vicente   (1889-1907)   (1907-1979)

São Vicente e Granadinas
(1979-1985)

TRINIDAD E TOBAGO

República de Trinidad e Tobago

Capital: Port of Spain
Proporções: 1:2
Adotada em: 31 de agosto de 1962

Históricas

Trinidad Britânica (1880-1962)

Tobago Britânica (1880-1889)*

---

* Incorporada a Trinidad em 1889.

AMÉRICA CENTRAL

TERRITÓRIOS EXTINTOS

(1958-1962)

Federação das Índias Ocidentais (1958-1962)

A Federação das Índias Ocidentais existiu como unidade política de 1958 a 1962, com o objetivo de formar uma nação independente, formado por ex-colônias britânicas no Caribe. Eram elas: Jamaica, Ilhas Cayman, Ilhas Turcas e Caicos, Barbados, Antígua e Barbuda, São Cristóvão e Névis, Anguila, Montserrat, Dominica, Santa Lúcia, São Vicente e Granadinas, Granada e Trinidad e Tobago. Sua bandeira, desenhada por Edna Manley, representa o sol a brilhar entre as ondas e as águas do mar do Caribe e apareceu nos Jogos Olímpicos de Roma, em 1960. Por dissidências políticas devido ao grande e diverso número de ilhas, a federação foi dissolvida em 31 de maio de 1962.

Ilhas Leeward
(1875-1956)

Ilhas Windward
(1903-1958)

Ilhas Leeward (Sotavento) e Windward (Barlavento) (1833-1960)

As possessões britânicas no Caribe, na região das Pequenas Antilhas, estavam agrupadas em dois conjuntos de ilhas no período de 1833 a 1960: as Leeward ou Ilhas de Sotavento (que correspondiam a Antígua e Barbuda, São Cristóvão e Névis, Anguila, Ilhas Virgens Britânicas, Monteserrat e Dominica), e as Windward ou Ilhas de Barlavento (do qual pertenciam Granada, Santa Lúcia, São Vicente e Granadinas, Barbados e Trinidad e Tobago). Os dois grupos tinham suas bandeiras e insígnias representativas, mas era comum a concessão de símbolos próprios a cada uma das ilhas que constituíam essa federação muito antes de sua dissolução formal.

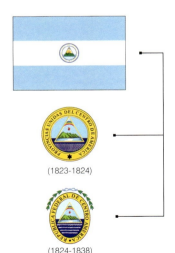
(1823-1824)
(1824-1838)

República Federal da América Central (1823-1838)

Após sua independência da Espanha, a região deu origem às Províncias Unidas da América Central, em 1º de julho de 1823, formando mais tarde a República Federal da América Central, formada por cinco estados: Guatemala, El Salvador, Honduras, Nicarágua e Costa Rica. Em 1839, a federação deixou de existir, entrando em um período de guerra civil até 1840. Durante o período de união, o país usou uma bandeira azul e branca, inspirada no pavilhão criado pelo general Manuel Belgrano, na Argentina, em 1812. As duas faixas azuis representavam os oceanos Atlântico e Pacífico e a faixa branca aludia à "pureza" da América entre eles. No centro, havia um escudo (primeiro em formato circular, depois oval) com o nome da federação, tendo a figura de cinco vulcões para representar cada um de seus membros. Havia um triângulo, símbolo da igualdade, e dentro dele um arco-íris para representar a equidade social; e um gorro vermelho, chamado de barrete frígio, que símbolo dos regimes republicanos.

AMÉRICA DO SUL

Nos pavilhões dos países da América do Sul é possível notar a influência de duas bandeiras que foram símbolos de movimentos de libertação nacional: uma delas é a tricolor em vermelho, azul e amarelo, usada por Francisco de Miranda em 1811 e que inspirou as bandeiras da Colômbia, da Venezuela e do Equador. A outra é a versão em azul e branco da bandeira da Argentina, cujas cores foram usadas pelo general Manuel Belgrano na época da independência.

Entre os países da região da Bacia do Prata, a bandeira nacional do Paraguai é a única que tem o reverso diferente do anverso, e o Uruguai possui três pavilhões nacionais. As bandeiras do Peru, da Bolívia e do Chile guardam no vermelho o sangue de seus heróis. A Guiana foi colônia britânica e o Suriname, holandesa. Destacam-se, ainda, as bandeiras históricas do Brasil e também as de seus estados.

ARGENTINA

República da Argentina

Capital: Buenos Aires
Proporções: 9:14
Adotada em: 25 de fevereiro de 1818*

Históricas

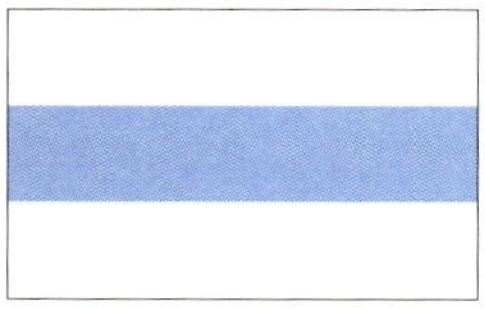

Bandeira de Belgrano
(1812-1816)

(1816-1818)

(1818-1830)

(1830-1840)

(1840-1862)

(1850-1862) [variante]

BOLÍVIA

Estado Plurinacional da Bolívia

Capitais: La Paz e Sucre
Proporções: 2:3
Adotada em: 5 de novembro de 1851

Estatal

Históricas

(1825-1826) [uso estatal]

(1825-1826) [uso civil]

(1826-1851) [uso estatal]

(1826-1851) [uso civil]

Bandeiras étnicas (Wiphala)

Wiphala (emblema) é uma bandeira quadrangular, de sete cores, usada pelas etnias dos Andes. Atualmente é o emblema do povo aimará e foi reconhecida como símbolo oficial da Bolívia pela nova Constituição de 2008. No Peru, uma variante dessa bandeira apresenta as sete cores em forma de faixa, supostamente atribuída como bandeira do Império Inca.

* As cores da bandeira foram estabelecidas oficialmente em 1862.

AMÉRICA DO SUL 123

BRASIL

República Federativa do Brasil

Capital: Brasília
Proporções: 14:20
Adotada em: 19 de novembro de 1889

Históricas

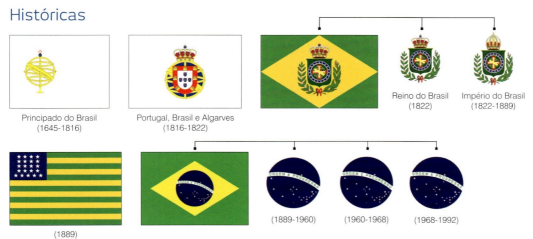

Estaduais

CHILE

República do Chile

Capital: Santiago
Proporções: 2:3
Adotada em: 12 de fevereiro de 1818

Históricas

(1812-1817)

(1817-1818)

Território ultramarino

Ilha de Páscoa (Oceania)

A Ilha de Páscoa foi descoberta em 5 de abril de 1722 pelo explorador holandês Jacob Roggeveen, num domingo de Páscoa, daí a origem de seu nome. Em 1888, o governo chileno anexou Páscoa e passou a administrá-la. Situada a 3.700 quilômetros de distância da costa oeste do Chile, a Ilha de Páscoa é uma província chilena ligada à região de Valparaíso. A figura na bandeira representa um baú de madeira entalhada que termina com duas cabeças humanas; ele era usado pelos chefes locais como um sinal de autoridade.

COLÔMBIA

República da Colômbia

Capital: Bogotá
Proporções: 2:3
Adotada em: 26 de novembro de 1861

Históricas

Estado de Colômbia e Venezuela (1811-1812)

Províncias Unidas de Nova Granada (1812-1815)

Províncias Unidas de Nova Granada (1815-1819)

Nova Granada (1831-1834)

Nova Granada (1834-1861)

Nova Granada (1861)

Grã-Colômbia (1819-1831)

De 1819 a 1831, existiu a República da Grã-Colômbia, país formado pelos atuais territórios da Colômbia, da Venezuela, do Equador, do Panamá, de partes do norte do Peru, e do noroeste do Brasil. Em 19 de novembro de 1831, a união foi desfeita. Colômbia (chamada de Nova Granada), Venezuela e Equador adotaram bandeiras provisórias – que seguiam o modelo tricolor horizontal usado anteriormente pela Grã-Colômbia – enquanto não haviam formalizado sua própria bandeira nacional. Cada país novo usava um escudo na bandeira para se diferenciar. Lembrando que o Panamá foi parte da Colômbia até 1903.

EQUADOR

República do Equador

Capital: Quito
Proporções: 2:3
Adotada em: 10 de janeiro de 1861

Históricas

Estado de Guayaquil
(1820-1822)*

Estado de Guayaquil
(1822)

(1831-1835)

(1835-1845)

(1845)

(1845-1861)

variante (1845-1861)

---

* As bandeiras do Estado de Guayaquil foram usadas na qualidade de Província Livre. De 1822 a 1831, o Equador usou a bandeira da Grã--Colômbia.

GUIANA

República Cooperativa da Guiana

Capital: Georgetown
Proporções: 3:5
Adotada em: 20 de maio de 1966

Históricas

Guiana Britânica (1880-1905)

Guiana Britânica (1905-1954)

Guiana Britânica (1954-1966)

PARAGUAI

República do Paraguai

Capital: Assunção
Proporções: 3:5
Adotada em: 25 de novembro de 1842

Históricas

Primeira bandeira provisória (1811)

Segunda bandeira provisória (1811)

Terceira bandeira provisória (1811)

(1812-1826)

(1826-1842)

(1842-1954)

(1954-1988)

(1988-1990)

1842-1990
Frente   Verso

1990-
Frente   Verso

O Paraguai é o único país do mundo atualmente que possui uma bandeira na qual o emblema da frente é diferente do verso – trata-se de um leão segurando um barrete frígio, com chapéu vermelho símbolo dos regimes republicanos. De 1842 a 1990, a bandeira nacional mudou apenas suas proporções. A partir dessa data, os emblemas foram reestilizados.

AMÉRICA DO SUL

PERU

República do Peru

Capital: Lima
Proporções: 2:3
Adotada em: 31 de março de 1950

Estatal

Históricas

(1821-1822)

(1822)

(1822-1825)

(1825-1950)

Confederação Peru-Bolívia
(1837-1839)

Peru do Sul (1836-1839)

Confederação Peru-Bolívia (1836-1839)

A Confederação Peru-Bolívia, foi um estado criado em 1836 e que reunia os territórios da Bolívia e do Peru – este último era dividido em dois países. Peru do Norte e Peru do Sul. A bandeira da Confederação era toda vermelha com os emblemas de cada um dos três estados na época, cercados por uma coroa de louros atada por uma fita encarnada. O Peru do Norte usava a tradicional bandeira bicolor (a mesma do período de 1825 a 1950), enquanto o Peru do Sul tinha uma bandeira tricolor em vermelho, verde e branco, com uma figura de um sol dourado e quatro estrelas, que representavam seus quatro departamentos: Arequipa, Ayacucho, Cuzco e Puno. Após a dissolução da Confederação, em 1839, o Peru foi unificado, restaurando seus símbolos tradicionais.

SURINAME

República do Suriname

Capital: Paramaribo
Proporções: 2:3
Adotada em: 25 de novembro de 1975

Histórica

Guiana Holandesa
(1959-1975)

URUGUAI

República Oriental do Uruguai

Capital: Montevidéu
Proporções: 2:3
Adotada em: 12 de julho de 1830

Históricas

Cisplatina [Brasil]
(1822-1828)

(1825-1828)

Em 1822 o Brasil ocupou a província da Banda Oriental, anexando-a sob o nome de Cisplatina. Em 1825, os uruguaios declararam sua independência por meio de um acordo de paz. A bandeira da Cisplatina deixou de tremular em 27 de agosto de 1828.

(1828-1830)

Outras bandeiras oficiais do Uruguai

Bandeira de Artigas

Bandeira dos Treinta y Tres Orientales

O Uruguai é um dos poucos países do mundo que possuem três bandeiras como símbolo nacional. Além da bandeira nacional, a bandeira de Artigas e a dos Treinta y Tres Orientales (adotadas em 1952) são levantadas em conjunto nas ocasiões festivas, permanecendo alinhadas durante todo o dia. José Gervasio Artigas (1764-1850) foi um importante líder na luta pela libertação do Uruguai e sua bandeira (1814-1815) foi inspirada nas cores azul e branca da Argentina, adicionando uma banda vermelha para lembrar o sangue derramado pela independência. Já a bandeira dos Treinta y Tres Orientales é assim chamada por causa do número de pessoas pertencentes ao movimento liderado por Juan Antonio Lavalleja (1784-1853), em 1825, pela libertação da Província Cisplatina, que estava sob o domínio do Império do Brasil. Nela havia a inscrição "Liberdade ou Morte". O termo "orientais" refere-se aos habitantes a leste do rio da Prata.

VENEZUELA

República Bolivariana da Venezuela

Capital: Caracas
Proporções: 2:3
Adotada em: 7 de março de 2006*

Estatais

(1930-2006)   (2006-)

Históricas

(1817-1819)   (1817 / 1859)   (1831-1836)

(1836-1859)   (1859-1863)   (1863-1905)

(1905-1930)   (1930-2006)

---

* De 1811 a 1817 e de 1819 a 1831, a Venezuela usou as mesmas bandeiras que a Colômbia e a Grã-Colômbia, respectivamente.

ÁFRICA

As diversidade dos países do continente africano reflete-se das mais variadas formas nas características de suas bandeiras. No norte da África, predominam as cores pan-árabes (verde, vermelho, preto e branco) nas bandeiras de países como a Argélia, Líbia, Egito e Sudão. Entre os países do oeste e do centro do continente, aparecem, com mais força, bandeiras nacionais nas cores pan-africanas (vermelho, amarelo, verde e preto), adotadas após a independência, depois de longos anos sob a guarda de bandeiras coloniais, como a tricolor francesa e o *blue ensign* britânico. O azul ainda resiste, desde o tempo da colonização belga, na bandeira da República Democrática do Congo, outrora chamado de Zaire.

No sul da África, encontram-se bandeiras de temática variada, que vão desde orientações político-partidárias, como nos emblemas de Angola e Moçambique (antigas colônias portuguesas), até símbolos tradicionais de reinos, que podem ser observados nas bandeiras da Suazilândia e do Lesoto. Mudanças de orientação política, golpes militares e tentativas de formar novas federações entre os países africanos comandam as transformações dos símbolos. Neste capítulo também se encontra a mais jovem bandeira nacional, pertencente ao Sudão do Sul.

ÁFRICA DO SUL

República da África do Sul

Capitais: Pretória, Bloemfontein e Cidade do Cabo
Proporções: 2:3
Adotada em: 27 de abril de 1994*

Históricas

Estado livre de Orange
(1856-1902)

Estado livre de Transvaal
(1857-1902)

Colônia Britânica de Natal
(1870-1910)

Colônia Britânica do Cabo
(1876-1910)

Colônia Britânica de Transvaal
(1906-1910)

Colônia Britânica do Rio Orange
(1907-1910)

União Sul-Africana
(1910-1912)

União Sul-Africana
(1912-1928)

África do Sul
(1928-1994)

ANGOLA

República da Angola

Capital: Luanda
Proporções: 2:3
Adotada em: 11 de novembro de 1975

---

* Em 1902, após a Guerra dos Bôeres, os britânicos anexaram os estados livres de Orange e de Transvaal. Em 1910, as Colônias do Cabo, de Natal, do Rio Orange e de Transvaal foram unificadas, formando a União Sul-Africana.

ARGÉLIA

República Democrática Popular da Argélia

Capital: Argel
Proporções: 2:3
Adotada em: 3 de julho de 1962

BENIN

República do Benin

Capital: Porto Novo
Proporções: 2:3
Adotada em: 1º de agosto de 1990
(usada também de 1959-1975)

Histórica

(1975-1990)

BOTSWANA

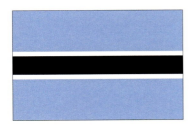

República de Botswana

Capital: Gaborone
Proporções: 2:3
Adoção: 30 de setembro de 1966

BURKINA FASO

Burkina Faso

Capital: Ouagadougou
Proporções: 2:3
Adoção: 4 de agosto de 1984

Histórica

Alto Volta (1959-1984)

ÁFRICA

BURUNDI

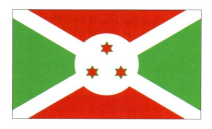

República do Burundi

Capital: Bujumbura
Proporções: 3:5
Adotada em: 27 de setembro de 1982

Históricas

(1962-1966)

(1966-1967)

(1967-1982)

CABO VERDE

República de Cabo Verde

Capital: Praia
Proporções: 10:17
Adotada em: 25 de setembro de 1992

Histórica

(1975-1992)

CAMARÕES

República de Camarões (Cameroun / Cameroon)

Capital: Yaoundê
Proporções: 2:3
Adotada em: 20 de maio de 1975

Históricas

(1957-1961)

(1961-1975)

CHADE

República do Chade

Capital: Ndjamena
Proporções: 2:3
Adotada em: 6 de novembro de 1959

COMORES

República Federal Islâmica de Comores (União das Comores)

Capital: Moroni
Proporções: 3:5
Adotada em: 7 de janeiro de 2002

Históricas

(1963-1975)

(1975-1978)

(1978-1992)

(1992-1996)

(1996-2001)

Ilhas de Comores

Anjouan

Grande Comore

Mohéli

A União das Comores é uma república federal que compreende três das quatro ilhas principais do Arquipélago das Comores, entre a costa oriental da África e Madagascar. São elas: Grande Comore, Mohéli e Anjouan — cada uma tem sua própria bandeira. Comores também reivindica a ilha que compreende o departamento ultramarino francês de Mayotte como parte de seu território.

CONGO (REPÚBLICA)

República do Congo

Capital: Brazzaville
Proporções: 2:3
Adotada em: 10 de outubro de 1991
[usada também de 1958-1969]

Histórica

(1969-1991)

África Equatorial Francesa

Formada pelos territórios coloniais do Gabão, Médio Congo (atual República do Congo), Chade e Ubangui-Chari (atual República Centro-Africana), a África Equatorial Francesa foi fundada em 15 de janeiro de 1910. Embora a bandeira da França tenha sido usada como símbolo oficial nessas colônias, havia um pavilhão que trazia a tricolor francesa no cantão superior, tendo sobre um campo vermelho as figuras de um crescente e de uma estrela branca (provavelmente, pela influência do islamismo, religião da maior parte da população). Essa bandeira, usada apenas nas sedes administrativas e órgãos oficiais de Brazzaville (Congo), era muito pouco conhecida até a dissolução da federação, em 1958. Com relação ao conjunto de colônias da África Ocidental Francesa, não é conhecida a existência de um pavilhão para uso local.

CONGO (REPÚBLICA DEMOCRÁTICA)

República Democrática do Congo

Capital: Kinshasa
Proporções: 3:4
Adotada em: 18 de fevereiro de 2006

Históricas

Congo Belga
(1877-1960)

(1960-1963)

(1963-1966)

(1966-1971)

Zaire (1971-1997)

(1997-2006)

COSTA DO MARFIM

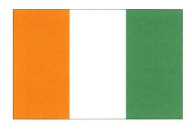

República da Costa do Marfim

Capital: Yamossoukro
Proporções: 2:3
Adotada em: 3 de dezembro de 1959

DJIBUTI

República do Djibuti

Capital: Djibuti
Proporções: 2:3
Adotada em: 27 de junho de 1977

EGITO

República Árabe do Egito

Capital: Cairo
Proporções: 2:3
Adotada em: 5 de outubro de 1984

Históricas

Egito Otomano
(1826-1881)

Protetorado Britânico do
Egito (1881-1922)*

Reino do Egito
(1922-1952)

(1952-1958)

República Árabe
Unida (1958-1972)

(1972-1984)

---

* Usada em conjunto com a bandeira britânica até 1914.

ERITREIA

Estado da Eritreia

Capital: Asmara
Proporções: 1:2
Adotada em: 5 de dezembro de 1995

Históricas

Estado da Eritreia
(1958-1993)

(1993-1995)

ETIÓPIA

República Democrática Federal da Etiópia

Capital: Adis-Abeba
Proporções: 1:2
Adotada em: 6 de fevereiro de 1996*

Históricas

(1881-1897)

(1897-1936 / 1941-1975)

(1975-1987)

(1987-1991)

(1991-1996)

---

* De 1936 a 1941, a Etiópia foi ocupada pela Itália. A versão de 1975 a 1987 também foi usada como bandeira civil entre 1897 e 1987.

GABÃO

República Gabonesa

Capital: Libreville
Proporções: 3:4
Adotada em: 9 de agosto de 1960

Histórica

Sob administração
francesa (1959-1960)

GÂMBIA

República da Gâmbia

Capital: Banjul
Proporções: 2:3
Adotada em: 18 de fevereiro de 1965

Histórica

Colônia Britânica da Gâmbia
(1889-1965)

GANA

República de Gana

Capital: Acra
Proporções: 2:3
Adotada em: 28 de fevereiro de 1966
[usada também de 1957-1959 e de 1962-1964]

Históricas

Costa do Ouro (1889-1957)

União dos Estados
Africanos (1959-1962)*

(1964-1966)

---

* Bandeira idealizada para a União dos Estados Africanos, federação efêmera formada por Gana e Guiné, em 1959, com a adesão do Mali em 1961.

GUINÉ

República da Guiné

Capital: Conacri
Proporções: 2:3
Adotada em: 10 de novembro de 1958

GUINÉ-BISSAU

República da Guiné-Bissau

Capital: Bissau
Proporções: 1:2
Adotada em: 24 de setembro de 1973

GUINÉ EQUATORIAL

República da Guiné Equatorial

Capital: Malabo
Proporções: 2:3
Adotada em: 21 de agosto de 1979
(usada também de 1969-1973)

Históricas

(1968-1969)

(1973-1979)

LESOTO

Reino do Lesoto

Capital: Maseru
Proporções: 2:3
Adotada em: 4 de outubro de 2006

Históricas

(1966-1987)

(1987-2006)

ÁFRICA 141

LIBÉRIA

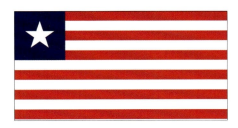

República da Libéria

Capital: Monróvia
Proporções: 10:19
Adotada em: 27 de agosto de 1847

Histórica

(1839-1847)

LÍBIA

Líbia*

Capital: Tripoli
Proporções: 1:2
Adotada em: 3 de agosto de 2011
(usada também de 1951-1969)

Históricas

Tripolitânia (até 1912)**

Cirenaica (1947-1950)

(1969-1972)

(1972-1977)

(1977-2011)

MADAGASCAR

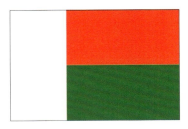

República de Madagascar

Capital: Antananarivo
Proporções: 2:3
Adotada em: 14 de outubro de 1958

---

* Administrada pelo Conselho Nacional de Transição.
** De 1912 a 1947, os territórios da atual Líbia foram ocupados pela Itália.

MALAWI

República do Malawi

Capital: Lilongue
Proporções: 2:3
Adotada em: 28 de maio de 2012
(usada também de 1964-2010)

Históricas

África Central Britânica /
Niassa (1894-1914)

Protetorado da Niassalândia
(1914-1964)

(2010-2012)

Federação da Rodésia e Niassalândia (1953-1963)

De 1953 a 1963, os protetorados de Niassalândia (Malawi) e da Rodésia do Norte (Zâmbia), além da colônia da Rodésia do Sul (Zimbábue) formaram um estado federado semi-independente sob administração britânica na África, que tinha uma bandeira própria, usada em conjunto com a bandeira colonial de cada um desses países. Em 1963, a federação foi desfeita, e cada território voltou ao seu antigo status. Em 1964, Malawi e Rodésia do Norte (Zâmbia) conquistaram a independência; em 1965, a Rodésia do Sul declarou unilateralmente sua independência da Grã-Bretanha, mas nenhuma nação a reconheceu até 1979, quando o país passou a se chamar Zimbábue.

MALI

República do Mali

Capital: Bamako
Proporções: 2:3
Adotada em: 1º de março de 1961

Históricas

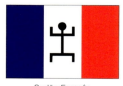

Sudão Francês
(1958-1959)

(1959-1961)

MARROCOS

Reino do Marrocos

Capital: Rabat
Proporções: 2:3
Adotada em: 17 de novembro de 1915*

Históricas

Marrocos espanhol
(1913-1956)

Marrocos francês
(1919-1946)

República de Rif
(1921-1926)

Zona Internacional do Tânger
(1923-1940 / 1953-1957)

Saara Ocidental (1976-)

Em 1976, o antigo Saara Espanhol passou a ser administrado pelo Marrocos, que ocupou a maior parte de seu território. Em contrapartida, a Frente do Polisário – movimento de independência que proclamou a República Árabe Democrática Saaraui – administra as zonas do interior. Segundo as Nações Unidas, nenhum dos dois governos é soberano sobre o território (conhecido por Saara Ocidental), que permanece sem reconhecimento internacional, num impasse que dura até os dias atuais. A bandeira usada pela Frente do Polisário preserva as cores pan-árabes, com o crescente e a estrela.

MAURÍCIO

República de Maurício

Capital: Port Louis
Proporções: 2:3
Em uso: 12 de março de 1968

Históricas

Colônia Britânica de
Maurício (1906-1923)

Colônia Britânica de
Maurício (1923-1968)

---

* Estabelecida oficialmente por lei para o protetorado francês do Marrocos. As demais bandeiras foram usadas como uma variante para as insígnias coloniais e emblemas de territórios autônomos.

MAURITÂNIA

República Islâmica da Mauritânia

Capital: Nuakchott
Proporções: 2:3
Adotada em: 1º de abril de 1959

MOÇAMBIQUE

República de Moçambique

Capital: Maputo
Proporções: 2:3
Adotada em: 1º de maio de 1983

Históricas

Pré-independência
(1974-1975)

(1975-1983)

(1983)

NAMÍBIA

República da Namíbia

Capital: Windhoek
Proporções: 2:3
Adotada em: 21 de março de 1990

NÍGER

República do Níger

Capital: Niamey
Proporções: 6:7
Adotada em: 23 de novembro de 1959

NIGÉRIA

República Federal da Nigéria

Capital: Abuja
Proporções: 1:2
Adotada em: 1º de outubro de 1960

Históricas

Protetorado da Nigéria
Setentrional (1890-1914)

Protetorado da Costa do
Níger (1893-1906)

Colônia de Lagos
(1889-1906)

Protetorado da Nigéria
Meridional (1889-1906)

Protetorado da Nigéria
Meridional (1906-1914)

Colônia da Nigéria
(1914-1960)

Em 1906, o protetorado da Costa do Níger e a Colônia de Lagos foram unidas ao Protetorado da Nigéria Setentrional. Em 1914 os protetorados da Nigéria Setentrional e da Nigéria Meridional foram unificados sob o nome de Colônia da Nigéria.

República de Biafra (1967-1970)

Biafra

A República de Biafra foi um estado separatista, no sudeste da Nigéria, durante o período de 1967 a 1970. Habitado pelo povo ibo, o país adotou em sua bandeira as cores pan-africanas, com um sol nascente de 11 raios para simbolizar a nova república e suas províncias. Quando a guerra civil acabou, Biafra foi reincorporada à Nigéria.

QUÊNIA

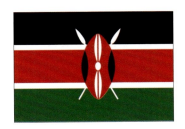

República do Quênia

Capital: Nairóbi
Proporções: 2:3
Adotada em: 12 de dezembro de 1963

Históricas

Protetorado Britânico do
Sultanato de Witu (1893-1920)

Colônia Britânica do Quênia
(1920-1963)

REPÚBLICA CENTRO-AFRICANA

República Centro-Africana

Capital: Bangui
Proporções: 3:5
Adotada em: 1º de dezembro de 1958

RUANDA

República de Ruanda

Capital: Kigali
Proporções: 2:3
Adotada em: 31 de dezembro de 2001

Históricas

(1959-1961)

(1961-1962)

(1962-2001)

SÃO TOMÉ E PRÍNCIPE

República Democrática de São Tomé e Príncipe

Capital: São Tomé
Proporções: 1:2
Adotada em: 5 de novembro de 1975

SEYCHELLES

República de Seychelles

Capital: Vitória
Proporções: 1:2
Adotada em: 8 de janeiro de 1996

Históricas

Colônia Britânica de Seychelles
(1880-1961)

Colônia Britânica de Seychelles
(1961-1976)

(1976-1977)

(1977-1996)

SENEGAL

República do Senegal

Capital: Dacar
Proporções: 2:3
Adotada em: 29 de agosto de 1960

Históricas

Senegal pré-independência
(1958-1959)

União com o Mali
(1959-1960)

SERRA LEOA

República de Serra Leoa

Capital: Freetown
Proporções: 2:3
Adotada em: 27 de abril de 1961

Históricas

Protetorado Britânico de
Serra Leoa (1889-1914)

Colônia Britânica de Serra
Leoa (1914-1961)

SOMÁLIA

Somália

Capital: Mogadíscio
Proporções: 2:3
Adotada em: 1º de julho de 1960

Históricas

Protetorado da Somália Britânica
(1906-1940 / 1941-1951)*

Protetorado da Somália Britânica
(1951-1960)

República da Somalilândia

Somalilândia (1996-)

Em 1960, os territórios da Somália Britânica (norte) e da Somália Italiana (leste) se uniram para formar a República da Somália, na região conhecida como Chifre da África. Em 1991, com o início da guerra civil, a parte norte declarou sua independência com o nome de República da Somalilândia, embora o país não tenha conseguido reconhecimento internacional. A bandeira, adotada em 1996, usa as cores pan-árabes, com a inscrição da Shahadah, que é a profissão de fé dos muçulmanos: "Não há outro deus além de Alá; Maomé é o seu profeta".

---

* Entre 1940 e 1941, a Somália Britânica foi ocupada pela Itália.

SUAZILÂNDIA

Reino da Suazilândia

Capitais: Mbabane e Lobamba
Proporções: 2:3
Adotada em: 30 de outubro de 1967

SUDÃO

República do Sudão

Capital: Cartum
Proporções: 1:2
Adotada em: 20 de maio de 1970

Histórica

(1956-1970)

SUDÃO DO SUL

República do Sudão do Sul

Capital: Juba
Proporções: 1:2
Adotada em: 9 de julho de 2011
[em uso desde 2005 como bandeira regional]

TANZÂNIA

República Unida da Tanzânia

Capital: Dodoma
Proporções: 2:3
Adotada em: 30 de junho de 1964

Históricas

Tanganica (1923-1961)

República de Tanganica
(1961-1964)

Território autônomo

Ilha de Zanzibar (2005-)

A ilha de Zanzibar, na costa da África Oriental, foi parte do sultanato de Omã e Mascate, tornando-se protetorado britânico em 1890. Zanzibar conseguiu sua independência em 1963 e se converteu então em um sultanato. Em 12 de janeiro de 1964 proclamou-se a República de Zanzibar e foi adotada a bandeira azul, preta e verde. Em 26 de abril de 1964, Zanzibar se juntou com Tanganica para formar a República Unida da Tanzânia e usou a bandeira da república. Em 2005, Zanzibar voltou a ter autonomia dentro do país, adotando sua antiga bandeira com um jaque (cantão) da bandeira da Tanzânia.

TOGO

República Togolesa

Capital: Lomé
Proporções: 2:3
Adotada em: 27 de abril de 1960

Históricas

Mandato Francês do Togo
(1956-1958)

Togo pré-independência
(1958-1960)

TUNÍSIA

República da Tunísia

Capital: Túnis
Proporções: 2:3
Adotada em: 3 de julho de 1999
[em uso desde 1º de junho de 1959]

Históricas

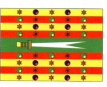

Bey de Túnis (até 1835)

(1835-1999)

UGANDA

República de Uganda

Capital: Campala
Proporções: 2:3
Adotada em: 9 de outubro de 1962

Históricas

Protetorado Britânico de Uganda (1920-1962)

Bandeira pré-independência (março-outubro de 1962)

Bandeira pré-independência (março-outubro de 1962) [variante]

ZÂMBIA

República da Zâmbia

Capital: Susaca
Proporções: 2:3
Adotada em: 24 de outubro de 1964

Histórica

Rodésia do Norte (1939-1964)

ZIMBÁBUE

República do Zimbábue

Capital: Harare
Proporções: 1:2
Adotada em: 18 de abril de 1980

Históricas

Colônia da Rodésia do Sul (1924-1964)

Estado da Rodésia do Sul (1964-1968)

Rodésia do Sul (1968-1979)

Rodésia-Zimbábue (1979-1980)

OCEANIA

Embora a Oceania apresente muitas das nações independentes mais "jovens" do mundo, as bandeiras dos países do continente já podem contar uma longa história. No reino de Tonga, por exemplo, a bandeira nacional esteve em uso franco desde a segunda metade do século XIX, apesar da proteção britânica. Fiji possuía bandeiras próprias para seus reinos antes mesmo da chegada dos ingleses, e a influência alemã pode ser percebida nas bandeiras históricas de Samoa e na versão usada pelo atol de Ralik, nas Ilhas Marshall. Além das bandeiras das entidades federais da Micronésia, foram incluídas também as dos estados e territórios da Austrália, bem como as versões históricas da bandeira australiana. Com o pavilhão da Nova Zelândia também aparecem as bandeiras de seus territórios autônomos no Pacífico.

OCEANIA

AUSTRÁLIA

Comunidade da Austrália

Capital: Camberra
Proporções: 1:2
Adotada em: 19 de dezembro de 1908*

Históricas

Colônia da Austrália (1823-1824)

Federação da Austrália (1830-1831)

Bandeira do Rio Murray (1850)

Bandeira de Eureka (1854)

(1901-1903)

(1903-1908)

Estados da Austrália

Austrália do Sul

Austrália Ocidental

Nova Gales do Sul

Queensland

Tasmânia

Victoria

Território da Capital Australiana

Território do Norte

---

* Durante o século XIX, usou-se a bandeira britânica como símbolo oficial. As tentativas de bandeiras para a Austrália foram apenas pontuais, introduzidas por rebeliões ou mesmo por companhias de navegação.

Comunidades aborígenes

Aborígenes Australianos

Aborígenes do Estreito de Torres

Territórios da Austrália

Ilha Christmas

Ilha Norfolk

Ilha Cocos / Keeling

FIJI

República das Ilhas Fiji

Capital: Suva
Proporções: 1:2
Adotada em: 10 de outubro de 1970

Históricas

Reinos de Fiji (1865-1874)

Federação das Ilhas Fiji
(1865-1867)

Reino de Bau
(1867-1871)

Reino de Lau
(1869-1871)

Reino de Fiji
(1871-1874)

As ilhas onde hoje se situa Fiji formaram uma federação independente, em 1865, usando uma bandeira azul com uma estrela branca. Dois anos depois, as ilhas foram separadas em dois reinos: Bau e Lau. Em 1871 elas se juntaram novamente, criando o Reino de Fiji, cuja independência foi breve, porque em 1874 as ilhas se tornaram uma colônia britânica. Em 1970, após quase um século de domínio colonial, Fiji ganhou a independência novamente.

Colônia Britânica de Fiji (1874-1970)

Colônia Britânica de Fiji
(1874-1908)

Colônia Britânica de Fiji
(1874-1908) [variante]

Colônia Britânica de Fiji
(1908-1970)

ILHAS MARSHALL

República das Ilhas Marshall

Capital: Majuro
Proporções: 10:19
Adotada em: 1º de maio de 1979

Atol de Ralik (1878-1885)

Atol de Bikini (1987-)

Bandeiras dos atóis marshalinos

No final do século XIX, os alemães pretendiam controlar algumas ilhas do Pacífico para expandir seu império colonial. Uma dessas tentativas se deu no atol de Ralik, nas Ilhas Marshall, onde alçaram uma bandeira criada para aquele protetorado entre 1878 e 1885, com as mesmas cores da bandeira alemã na época. Já a bandeira de Bikini, adotada em 1987, é cheia de simbolismos: as 23 estrelas representam as ilhas que formam o atol, enquanto as três estrelas negras recordam as ilhas que foram vaporizadas em 1º de março de 1954 durante o teste nuclear norte-americano com a bomba de hidrogênio chamada Castle Bravo. As duas estrelas negras abaixo representam as ilhas de Kili e Ejit, onde hoje vivem os habitantes de Bikini, distante de seu atol natal, como mostra a bandeira. A frase, escrita em marshalês significa "Tudo está nas mãos de Deus" e foi dita pelo líder local, o rei Judá, em fevereiro de 1946, quando o comodoro norte-americano Ben Wyatt convenceu os habitantes de Bikini a saírem do atol para que os testes nucleares pudessem ser iniciados. A semelhança com a bandeira dos Estados Unidos recorda a dívida que o governo norte-americano tem com os habitantes do arquipélago.

ILHAS SALOMÃO

Ilhas Salomão

Capital: Honiara
Proporções: 1:2
Adotada em: 18 de novembro de 1977

Históricas

Protetorado Britânico das Ilhas Salomão (1907-1947)

Protetorado Britânico das Ilhas Salomão (1947-1956)

Protetorado Britânico das Ilhas Salomão (1956-1977)

KIRIBATI

República do Kiribati

Capital: Tarawa do Sul
Proporções: 1:2
Adotada em: 12 de julho de 1979

Histórica

Ilhas Gilbert e Eliice (1937-1979)

MICRONÉSIA

Estados Federados da Micronésia

Capital: Palikir
Proporções: 10:19
Adotada em: 30 de novembro de 1978

Estados federados da Micronésia

Chuuk (Truuk)

Kosrae

Pohnpei

Yap

Os Estados Federados da Micronésia são um país composto de quatro principais grupos de ilhas: Chuuk, Kosrae, Yap e Pohnpei. Esses grupos formam estados com bandeira e governo próprios; todas as bandeiras apresentam em comum um campo azul para recordar a Federação.

Protetorado das Ilhas do Pacífico (1965-1980)

Depois da derrota do Japão na Segunda Guerra Mundial, as Ilhas Carolinas e Marianas, na Micronésia, que tinham sido ocupadas pelas forças japonesas, passaram a ser administradas pelos Estados Unidos como Protetorado das Nações Unidas, de 1947 a 1986. As estrelas na bandeira, usada entre 1965 e 1980, representavam os seis distritos do antigo protetorado: Yap, Chuuk e Pohnpei (parte da atual Micronésia), Ilhas Marianas do Norte (pertencentes aos Estados Unidos), Ilhas Marshall e Palau (hoje independentes).

NAURU

República de Nauru

Capital: Yaren [distrito]
Proporções: 1:2
Adotada em: 31 de janeiro de 1968

NOVA ZELÂNDIA

Nova Zelândia (Aotearoa)

Capital: Wellington
Proporções: 1:2
Adotada em: 12 de junho de 1902*

Históricas

Bandeira das Tribos Unidas
(1834-1840)

Colônia da Nova Zelândia
(1867-1869)

Territórios autônomos

Ilhas Chatham

Ilhas Cook

Niue

Tokelau

---

* Durante o século XIX, usou-se a bandeira britânica como símbolo oficial. As bandeiras da Nova Zelândia eram empregadas apenas para uso local, sob a forma de estandarte colonial.

PALAU

República de Palau

Capital: Melekeok
Proporções: 3:5
Adotada em: 13 de junho de 1980

PAPUA-NOVA GUINÉ

Estado Independente da Papua-Nova Guiné

Capital: Port Moresby
Proporções: 3:4
Adotada em: 24 de junho de 1971

Históricas

Nova Guiné Britânica
(1884-1906)

Território da Papua
(1906-1942 / 1945-1949)*

Território da Papua
e Nova Guiné (1962-1970)

Papua-Nova Guiné
(1970-1971)

* De 1942 a 1945, os territórios da Papua-Nova Guiné foram ocupados pelo Japão. De 1949 a 1962, usou-se a bandeira da Austrália como símbolo. A parte norte da ilha foi uma colônia da Alemanha (Nova Guiné Alemã) de 1884 a 1919, depois integrada à parte britânica.

SAMOA

Estado Independente de Samoa

Capital: Ápia
Proporções: 1:2
Adotada em: 1º de janeiro de 1962
[em uso desde 1949]

Históricas

Reino de Samoa
(1875-1886 / 1889-1899)

Reino de Samoa
(1886-1889)

Samoa Ocidental
(1925-1948)*

Samoa Ocidental
(1948-1949)

TONGA

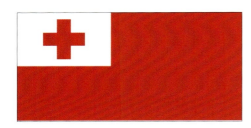

Reino de Tonga

Capital: Nuku'alofa
Proporções: 1:2
Adotada em: 4 de novembro de 1875
[em uso desde 1866]

Históricas

(1850-1862)

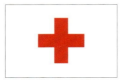
(1862-1866)

---

* De 1899 a 1900, Samoa esteve sob proteção dos alemães, que estabeleceram, em 1900, a Colônia da Samoa Alemã, usando a bandeira nacional da Alemanha. De 1919 a 1925, a ilha foi administrada sob a bandeira nacional da Nova Zelândia.

TUVALU

Tuvalu
Capital: Funafuti
Proporções: 1:2
Adotada em: 11 de abril de 1997
[usada também de 1978-1995]

Históricas

Tuvalu Britânico (1977-1978)   (1995-1997)

VANUATU

República de Vanuatu
Capital: Porto-Vila
Proporções: 11:18
Adotada em: 30 de julho de 1980

Históricas

Condomínio Franco-Britânico
das Novas Hébridas (1899-1906)   Novas Hébridas Britânicas
                                    (1906-1980)

INTERNACIONAIS

Muitas bandeiras não representam apenas um país, mas ultrapassam suas fronteiras por meio de organizações e entidades internacionais. Neste capítulo, apresentam-se a bandeira da Organização das Nações Unidas (ONU) e as de suas agências internacionais, as usadas pelo Comitê Internacional da Cruz Vermelha, bem como as bandeiras de diversos organismos internacionais nas áreas econômica, política, militar, cultural e esportiva.

INTERNACIONAIS

ANTÁRTICA

Proposta de Whitney Smith (1978)

Proposta de Graham Bartram (1996)

Proposta do Tratado da Antártica (2002)

A Antártica ainda não possui uma bandeira oficial. Em 1º de dezembro de 1959 foi assinado o Tratado da Antártica (passando a vigorar em 23 de junho de 1961), que estabeleceu regras para a utilização pacífica do continente para fins de pesquisa científica e de cooperação internacional, sendo considerado patrimônio comum da humanidade. Porém, algumas propostas para uma bandeira oficial a ser usada no continente surgiram ao longo dos anos. A primeira delas foi sugerida pelo norte-americano Whitney Smith, em 1978, projetando uma bandeira laranja (cor internacional do socorro e que contrasta com o branco da neve) com a letra "a" de Antártica; abaixo dela duas mãos seguram parte do globo, representando o uso pacífico pela humanidade.

Outra proposta foi feita pelo britânico Graham Bartram, em 1996, inspirada na bandeira das Nações Unidas. Ela traz um mapa da Antártica em branco sobre o fundo azul, lembrando a neutralidade do continente. Em 2002, a Organização do Tratado da Antártica adotou uma bandeira similar, que apresenta os paralelos e os meridianos centrados no polo Sul, uma referência à bandeira da ONU, que é centrada no polo Norte.

ORGANIZAÇÕES DAS NAÇÕES UNIDAS

(1947-)

Liga das Nações
(1939-1941)

Liga das Nações

A Liga das Nações foi idealizada após a Primeira Guerra Mundial com o objetivo de assegurar a paz no mundo. Estabelecida em 1919 e fundada oficialmente em 10 de janeiro de 1920, com sede em Genebra (Suíça), essa organização internacional apresentou em 1939 sua bandeira e seu logo oficial. Ela era branca, simbolizando a paz, com uma estrela posta sobre um pentágono que aludia à harmonia das nações nos cinco continentes. Com o fracasso de assegurar a paz durante a Segunda Guerra Mundial, a organização foi dissolvida em abril de 1946, dando lugar à Organização das Nações Unidas (ONU).

Agências da Organização das Nações Unidas*

Agência Internacional de Energia Atômica (AIEA)

Fundo das Nações Unidas para a Infância (Unicef)

Organização da Aviação Civil Internacional (OACI)

Organização das Nações Unidas para a Alimentação e a Agricultura (FAO)

Organização das Nações Unidas para o Desenvolvimento Industrial (Unido)

Organização das Nações Unidas para a Educação, a Ciência e a Cultura (Unesco)

Organização Internacional do Trabalho (OIT)

Organização Marítima Internacional (OMI)

Organização Meteorológica Mundial (OMM)

Organização Mundial da Saúde (OMS)

União Internacional de Telecomunicações (UIT)

União Postal Universal (UPU)

---

* Estão representadas apenas as agências da ONU que possuem bandeiras oficiais.

COMITÊ INTERNACIONAL DA CRUZ VERMELHA

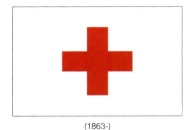
(1863-)

A bandeira do Comitê Internacional da Cruz Vermelha foi oficialmente aprovada em Genebra, na Suíça, em 1863. Devido à sua associação com o cristianismo, o crescente vermelho foi aprovado para uso nas nações islâmicas a partir de 1929. Em 8 de dezembro de 2005, surgiu o terceiro emblema oficial, o cristal vermelho, com o objetivo de se tornar um símbolo neutro. No Estado de Israel, usa-se a bandeira com a Estrela de Davi vermelha, em associação ao judaísmo, porém essa bandeira não é reconhecida internacionalmente.

Em uso comum

Crescente vermelho (1929-)

Cristal vermelho (2005-)

Estrela de Davi vermelha [uso em Israel]

Histórica

Leão e sol vermelho (1923-1980) [usada no Irã]

No Irã surgiu a bandeira do leão e do sol vermelho, que, a partir de 1980, devido à sua associação com o antigo regime do xá, deixou de ser usada com a proclamação da República Islâmica do Irã.

ORGANIZAÇÕES INTERNACIONAIS

Econômicas, políticas e comerciais

Acordo Centro-Europeu de Livre Comércio

Associação das Nações do Sudeste Asiático (ASEAN)

Benelux

Comunidade da África Oriental

Comunidade do Caribe (Caricom)

Comunidade dos Países Andinos

Comunidade para o Desenvolvimento da África Austral (SADC)

Conselho de Cooperação dos Estados Árabes do Golfo

Conselho para a Assistência Econômica Mútua (Comecom) (1949-1991)

Liga dos Estados Árabes

INTERNACIONAIS

Mercado Comum do Sul
(Mercosul) (Português)

Mercado Comum do Sul
(Mercosul) (Espanhol)

Organização dos Países
Exportadores de Petróleo (OPEP)

União Africana

União das Nações Sul-
-americanas (Unasul)

União do Magreb Árabe

União Europeia

Militares

Organização do Tratado
do Atlântico Norte (OTAN)

Supranacionais e étnico-culturais

Comunidade Britânica de
Nações (Commonwealth)

Comunidade do
Pacífico

Comunidade dos Estados
Independentes

Comunidade dos Países de
Língua Portuguesa

Organização da
Conferência Islâmica

Organização das Nações e
Povos Não Representados

Organização dos Estados
Americanos (OEA)

Organização dos Estados
Centro-Americanos (ODECA)

Organização dos
Países Francófonos

INTERNACIONAIS

Esportivas e recreativas

Comitê Olímpico
Internacional (COI)

Comitê Paraolímpico
Internacional (CPI)

Federação Internacional das
Associações Vexilológicas (FIAV)

Federação Internacional de
Futebol Associado (FIFA)

Movimento Escotístico
Mundial

REFERÊNCIAS BIBLIOGRÁFICAS

Livros

BARKER, B. J. *Pocket guide to the flags of the world*. Londres: New Holland Publishers, 2005.

BARTRAM, G. *British flags and emblems*. Londres: Flag Institute / Tuckwell Press, 2004.

COSTANTINO, M. *Guia ilustrado das bandeiras*. Lisboa: Editorial Estampa, 2005.

CRAMPTON, W. *Flags of the world*. Nova York: Dorset Press, 1990.

CUMBERLAND. B. *History of the Union Jack and flags of the Empire*. Toronto: William Briggs, 1909.

DORLING KINDERSLEY. *Complete flags of the world*. Londres: Dorling Kindersley Limited, 2005.

DUARTE, M. *Almanaque das bandeiras*. São Paulo: Editora Moderna, 2001.

ESTADOS UNIDOS. *Flags of the maritime nations*. Washington: Bureau of navigation, 1882.

_____. *Flags of the maritime nations*. Washington: Bureau of navigation, 1899.

FIREFLY. *Guide to the flags of the world*. Ontario / Nova York: Firefly Books, 2003.

FISCHER, H. *A display of the naval flags of all nations*. Londres: Caxton Press, 1838.

FOX-DAVIES, A. C. *The book of public arms*. Londres: T. C. and E. C. Jack, 1915.

GRÃ-BRETANHA. *Flags, badges, and arms of the British dominions beyond the seas*. Londres: His Majesty's Stationery Office, 1910. Vols. 1 e 2.

_____. *Drawings of the flags in use at the present time by various nations*. Londres: His Majesty's Stationery Office, 1915.

_____. *Admiralty book of flags of all nations*. Londres: His Majesty's Stationery Office, 1948.

_____. *Flying flags in the United Kingdom: A guide to Britain's flag protocol*. Londres: Flag Institute / Flags and Heraldry Committee of the UK Parliament, 2010.

GRIXALBA, Carlos. *Enciclopedia de heráldica*. Madri: LIBSA, 2006.

GORDON, W. J. *Flags of the world. Past and present: Their story and associations*. Londres / Nova York: Frederick Warne and Co., 1915.

HESMER, K. H. *Flaggen und Wappen der Welt*. Munique: Chronik Griffbereit, 2008.

HULME, F. E. *Flags of the world: Their history, blazonry and associations*. Londres / Nova York: Frederick Warne and Co., 1894.

LUZ, M. *A história dos símbolos nacionais: A bandeira, o brasão, o selo, o hino*. Brasília: Senado Federal – Secretaria Especial de Editoração e Publicações, 1999.

McCANDLESS. B.; GROSVENOR. G. *Flags of the world*. Washington: National Geographic Society, 1917.

OTERO, E. *A origem dos nomes dos países*. São Paulo: Panda Books, 2006.

PEREYRA, A. A. *Heráldica*. Barcelona / Madri: Editorial Labor S.A., 1947.

PERRIN, W. G. *British flags*. Cambridge: Cambridge University Press, 1922.

PLATOFF, A. M. *Russian regional flags*. Raven. Nova Jersey: North American Vexillological Association, 2009, vol.16.

RIBEIRO, C. *Brazões e bandeiras do Brasil*. São Paulo: Editora São Paulo Ltda., 1933.

RIBEIRO, J. G. C. *Bandeiras que contam histórias*. Rio de Janeiro: Zit Gráfica e Editora, 2003.

SANTOS, W. B. *Tratado de heráldica*. São Paulo: Edição do autor, 1978.

SLATER, S.; ZNAMIEROWSKI, A. *The world encyclopedia of flags and heraldry*. Londres: Lorenz Books, 2007.

SMITH, W. *Flags through the ages and across the world*. Maidenhead: McGraw-Hill Book Company Ltd., 1975.

_____. *Flags and arms across the world*. Maidenhead: McGraw-Hill Book Company Ltd., 1980.

ZNAMIEROWSKI, A. *The world encyclopedia of flags*. Londres: Lorenz Books, 2004.

Sites

http://www.atelierheraldico.com.br/heraldica/index.htm

http://www.civicheraldry.com

http://www.cyber-flag.net

http://drapeaufree.free.fr/index2.htm

http://flagspot.net/flags/index.html

http://hubert-herald.nl

http://www.ngw.nl

http://www.rbvex.it

http://www.vexilla-mundi.com

http://www.vexillographia.ru/ind_eng.htm

Principais Associações Vexilológicas

Associação Vexilológica Norte-Americana
http://www.nava.org

Federação Internacional das Associações Vexilológicas
http://www.fiav.org

Flag Institute (Londres)
http://www.flaginstitute.org

Flag Reseach Center (Massachusetts)
http://www.flagresearchcenter.com

ÍNDICE

Acordo Centro-Europeu de Livre Comércio, 166

Afeganistão, 78

África dho Sul, 132

Arábia Saudita, 79

Albânia, 44

Alemanha, 44

Andorra, 46

Angola, 132

Argélia, 133

Argentina, 122

Antártica, 164

Antígua e Barbuda, 110

Armênia, 47

Associação das Nações do Sudeste Asiático, 166

Austrália, 154

Áustria, 47

Azerbaijão, 48

Bahamas, 110

Bangladesh, 79

Barbados, 110

Barein, 80

Belarus, 49

Bélgica, 49

Belize, 111

Benelux, 166

Benin, 133

Bolívia, 122

Bósnia-Herzegovina, 50

Botswana, 133

Bulgária, 50

Burkina Faso, 133

Butão, 81

Brasil, 123

Brunei, 80

Burundi, 134

Cabo Verde, 134

Camarões, 134

Camboja, 81

Canadá, 102

Catar, 82

Cazaquistão, 82

Chade, 135

Chile, 124

China, 83

Chipre, 51

Cingapura, 84

Colômbia, 124

Comitê Internacional da Cruz Vermelha, 166

Comitê Olímpico Internacional, 168

Comitê Paraolímpico Internacional, 168

Comores, 135

Comunidade Britânica de Nações, 167

Comunidade da África Oriental, 166

Comunidade do Caribe, 166

Comunidade do Pacífico, 167

Comunidade dos Estados Independentes, 167

Comunidade dos Países Andinos, 166

Comunidade dos Países de Língua Portuguesa, 167

Comunidade para o Desenvolvimento da África Austral, 166

Congo (República), 136

Congo (República Democrática), 136
Conselho de Cooperação dos Estados Árabes do Golfo, 166
Conselho para a Assistência Econômica Mútua, 166
Costa do Marfim, 137
Coreia do Norte, 84
Coreia do Sul, 84
Costa Rica, 111
Croácia, 51
Cuba, 112
Dinamarca, 52
Djibuti, 137
Dominica, 112
Egito, 137
El Salvador, 112
Emirados Árabes Unidos, 85
Equador, 125
Eritreia, 138
Eslováquia, 52
Eslovênia, 52
Espanha, 52
Estados Unidos, 103
Estônia, 54
Etiópia, 138
Federação Internacional das Associações Vexilológicas, 168
Federação Internacional de Futebol Associado, 168
Fiji, 155
Filipinas, 85
Finlândia, 54
França, 54
Gabão, 139
Gâmbia, 139
Gana, 139
Geórgia, 56
Guiana, 126
Guiné, 140
Guiné-Bissau, 140
Guiné Equatorial, 140
Granada, 113
Grécia, 57
Guatemala, 113
Haiti, 114
Holanda (Países Baixos), 58

Honduras, 114
Hungria, 59
Iêmen, 86
Ilhas Marshall, 156
Ilhas Salomão, 156
Índia, 86
Indonésia, 87
Irã, 87
Iraque, 88
Irlanda, 59
Israel, 88
Islândia, 59
Itália, 60
Jamaica, 115
Japão, 89
Jordânia, 90
Kiribati, 157
Kuwait, 90
Laos, 90
Lesoto, 140
Letônia, 60
Líbano, 90
Libéria, 141
Líbia, 141
Liechtenstein, 61
Liga dos Estados Árabes, 166
Lituânia, 61
Luxemburgo, 61
Macedônia, 62
Madagascar, 141
Malásia, 91
Malawi, 142
Maldivas, 92
Mali, 142
Malta, 62
Marrocos, 143
Maurício, 143
Mauritânia, 144
México, 107
Mercado Comum do Sul, 167
Mianmar, 92
Micronésia, 157
Moçambique, 144
Moldávia, 63

Mônaco, 63
Mongólia, 93
Montenegro, 64
Movimento Escotístico Mundial, 168
Namíbia, 144
Nauru, 158
Nepal, 93
Nicarágua, 115
Níger, 144
Nigéria, 145
Noruega, 64
Nova Zelândia, 158
Omã, 93
Organização da Conferência Islâmica, 167
Organização das Nações e Povos Não Representados, 167
Organização dos Estados Americanos, 167
Organização dos Estados Centro-Americanos, 167
Organização dos Países Exportadores de Petróleo, 167
Organização dos Países Francófonos, 167
Organização do Tratado do Atlântico Norte, 167
Organizações das Nações Unidas, 164
Palau, 159
Palestina, 94
Panamá, 116
Paquistão, 94
Papua-Nova Guiné, 159
Paraguai, 126
Peru, 127
Polônia, 64
Portugal, 65
Quênia, 145
Quirguistão, 94
Reino Unido, 66
República Centro-Africana, 146
República Dominicana, 116
República Tcheca, 68
Romênia, 68
Ruanda, 146
Rússia, 69
Samoa, 160
San Marino, 72
Santa Lúcia, 116
São Cristóvão e Névis, 117

São Vicente e Granadinas, 118
São Tomé e Príncipe, 146
Senegal, 147
Serra Leoa, 148
Sérvia, 72
Seychelles, 147
Síria, 95
Somália, 148
Sri Lanka, 95
Suazilândia, 149
Sudão, 149
Sudão do Sul, 149
Suécia, 73
Suíça, 73
Suriname, 127
Tadjiquistão, 96
Tailândia, 96
Taiwan, 97
Tanzânia, 150
Territórios Extintos, 75, 119
Timor-Leste, 97
Togo, 150
Tonga, 160
Trinidad e Tobago, 118
Tunísia, 150
Turcomenistão, 98
Turquia, 74
Tuvalu, 161
Ucrânia, 74
Uganda, 151
União Africana, 167
União das Nações Sul-Americanas, 167
União do Magreb-Árabe, 167
União Europeia, 167
Uruguai, 128
Uzbequistão, 98
Vanuatu, 161
Vaticano, 74
Venezuela, 129
Vietnã, 99
Zâmbia, 151
Zimbábue, 151

O AUTOR

Tiago José Berg nasceu em Cordeirópolis (SP), em 1983. É formado em geografia pela Unesp de Rio Claro, com mestrado pela mesma instituição. Atualmente escreve sua tese de doutorado sobre a dimensão geográfica dos símbolos nacionais. Atua como professor e pesquisador, com interesse nas áreas de geografia cultural, geopolítica e nacionalismo. É membro da Associação Vexilológica Norte-Americana (NAVA), entidade de reconhecimento internacional no estudo da história das bandeiras e seu simbolismo. É autor do livro *Hinos de todos os países do mundo*, publicado pela Panda Books.